L'INTUITION

La voix qui mène de l'émotivité
aux choix éclairés

Données de catalogage avant publication (Canada)

Dames de lumière (Esprit)

L'intuition : la voix qui mène de l'émotivité aux choix éclairés

ISBN 2-89436-149-1

1. Écrits spirites. 2. Intuition – Miscellanées. 3. Affectivité – Micellanées. I. Jobhe, Catherine, 1957- . I. Titre.

BF1302.D352 2005 133.9'3 C2005-941821-4

Nous reconnaissons l'aide financière du Gouvernement du Canada par l'entremise du programme d'aide au développement de l'industrie de l'édition (PADIÉ) pour nos activités d'édition.

Nous remercions la Société de Développement des Entreprises Culturelles du Québec (SODEC) pour son appui à notre programme de publication.

Révision linguistique :

Jocelyne Vézina et Amélie Lapierre

Infographie :

Caron & Gosselin

Transcription et réécriture des textes :

Corinne Zacharyas

Mise en pages :

Composition Monika, Québec

Éditeur :

Éditions Le Dauphin Blanc
C.P. 55, Loretteville, Qc, G2B 3W6
Tél. : (418) 845-4045 – Fax (418) 845-1933
Courriel : *dauphin@mediom.qc.ca*

ISBN 2-89436-149-1

Dépôt légal :

3e trimestre 2005
Bibliothèque nationale du Québec
Bibliothèque nationale du Canada

Imprimé au Canada

CATHERINE JOBHE

L'INTUITION

La voix qui mène de l'émotivité aux choix éclairés

Le Dauphin Blanc

De la même auteure :

L'ange gardien, Éditions Le Dauphin Blanc, 2003
(en collaboration avec Ginette Lacourse).

À mon fils, Yoan
et à Catherine,
deux êtres exceptionnels,
et à Lila, cette grande dame
qu'est leur fille.

Table des matières

Introduction

Pour ce second livre, nous avons choisi de nous adresser à vous, notre lecteur, en utilisant le pronom personnel « vous » que nous emploierons au masculin singulier dans nos propos.

Dans ce volume, vous allez découvrir que l'intuition est directement reliée à vos émotions. Vos émotions choisissent l'endroit d'où vous recevez les réponses qui correspondent à vos désirs.

Nous aborderons le côté humain qui teinte les découvertes, les théories et les croyances aux couleurs propres à chacun de vous puisque ces dernières proviennent du mélange des pigments de vos désirs, de vos peurs, de votre vision de la sexualité, de votre esprit punitif ou libertin, de vos connaissances, de votre éducation et de vos croyances. Pour se libérer des inhibitions, des croyances, des doutes et des jugements qui vous assaillent, vous devez absolument baser votre cheminement spirituel sur le respect.

Certes, l'instinct vous poussera à réagir à vos frustrations, à votre colère, à vos blessures, à votre besoin de reconnaissance, à votre compassion à l'égard des autres, à votre inconscience ou à votre indifférence et, bien entendu, à vos illusions. Puisque vous vivez dans la matière, il vous faut composer avec sa rigidité. Malgré votre bonne volonté, vous ne pouvez pas passer à travers les murs avec votre corps physique ou vous ne pouvez pas rester au sec sans protection, alors qu'il pleut à torrents sur vous. La vie est à la fois simple et complexe tout comme chaque être est unique, facile à comprendre et compliqué à ses heures.

L'intuition n'est pas un don. Elle prend sa source dans votre être, elle fait partie intégrante de votre réalité, elle est la voie qui vous mène vers le sens de votre être, vers votre propre vérité. Mais la vérité existe-t-elle ? La vôtre existe. Toutefois, il importe de distinguer **la** vérité de **votre** vérité. Cette dernière se vit dans la conscience de l'autre, le respect de ce qu'il est, le fait de vous laisser mutuellement grandir en toute liberté. La liberté n'est pas de faire tout ce que vous voulez, mais de comprendre que vous êtes tous différents dans vos désirs, dans vos croyances, et de donner la liberté à l'autre de comprendre en son temps, ou même de ne jamais comprendre, de le laisser faire son propre chemin.

Ainsi, l'intuition vous amène une vision plus globale de vous, des autres et de la vie et de cette façon vous devenez plus conscient et plus responsable de vos actions. Du haut d'une échelle, votre perspective s'accroît et vous permet de voir en bas et au loin, alors que du premier barreau, votre perspective est beaucoup plus limitée. La vie vous propose une série de prises de conscience à travers les doctrines, les croyances, les lois. Ces prises de conscience pourront être intégrées plus facilement avec une perspective élargie. Laissez donc toutes les petites voies que vous présente la vie vous permettre d'exprimer la grande voix de votre intégrité.

Pour refléter pleinement l'être que vous êtes, aimez toutes les parties qui ont composé et qui composent votre être. Soyons des compagnons, des complices de vie, de l'invisible au visible.

Les Dames de lumière

Chapitre 1

L'émotion et l'émotivité sont intimement liées

L'émotivité

Les émotions sont un moteur indispensable à votre expérimentation sur Terre. Vous avez besoin des émotions pour vivre comme vos poumons ont besoin d'air pour respirer. Elles peuvent donc vous nourrir comme l'air pur le fait ou elles peuvent vous restreindre, voire vous ruiner la santé à cause de la fumée et des toxines contenues dans l'air.

Ainsi, l'émotivité peut vous propulser dans un mouvement positif de changement et de choix ou vous ralentir par des peurs, même si elles sont légitimes et réalistes. Elle peut également vous entraîner dans une certaine illusion dans laquelle vous ne voyez qu'un côté de la médaille. L'illusion née de l'émotivité semble positive lorsque tous vos problèmes sont réglés. Elle vous paraît négative quand tous vos ennuis semblent venir d'une même source, que ce soit d'un ami, du travail, d'un enfant, du mariage. En éliminant la source, vous avez le sentiment que tout ira bien.

L'émotivité vous baigne dans l'illusion, vous gardant ébloui. Elle est très subtile et ne peut être alimentée que par votre collaboration. Elle est souvent l'alliée de votre ego qui s'en sert pour faire ou ne plus faire ce qu'il désire. C'est ici que votre « petite voix » entre en jeu, car elle vous permettra de communiquer avec la partie inconsciente en vous qui ne peut être délogée que par vous. La communion avec la réalité de votre être, avec votre plan de vie, avec l'intégrité de votre âme et votre humilité ne peut s'effectuer qu'en ayant recours à cette « petite voix ».

Sachez qu'une émotivité acerbe, des émotions de vengeance, de haine, ne peuvent que vous mener à vivre des scénarios basés sur la négativité. Tentez l'expérience en vous rappelant des souvenirs négatifs. L'effet sera immédiat, car ces derniers vous porteront à nourrir de la colère, de la rage, de la rancune. Faites maintenant l'inverse, imaginez des souvenirs positifs et voyez comme la joie, l'amour ou la paix vous habite.

Peut-être qu'en lisant ces lignes, vous vous dites : « Bien, voyons donc ! Cela n'a pas de bon sens de penser comme cela ! » Eh bien oui ! Vous êtes Dieu dans votre univers, dans votre tête, dans votre cœur, dans vos pensées, dans vos choix, dans vos dires, dans vos comportements. En tout temps, vous dirigez le tir et vous choisissez la cible. Votre vie est le reflet de vos pensées et de vos émotions. Les situations que vous vivez n'existent que pour vous permettre d'apprendre à devenir le créateur conscient de votre vie. Développer sa conscience, c'est faire face aux événements au lieu de chercher à fuir la tempête pour rechercher une brise de fraîcheur momentanée. Sachez que la tempête reprendra toujours de plus belle tant que l'apprentissage proposé n'est pas intégré.

Vous seul êtes en mesure de vous faire croire qu'une décision est la meilleure ou la plus facile. Ainsi, si vous êtes convaincu que les piments forts sont bons pour la santé, vous en mangerez tous les jours sans jamais avoir de brûlures d'estomac ! Vous pouvez également vous convaincre que, parce que vous êtes une bonne personne, tous les biens que vous possédez sont à l'abri des intempéries. Réalisez que ces croyances relèvent de votre propre création pour satisfaire votre émotivité, mais elles ne pourront résister bien longtemps aux lois universelles de la Vie. Tôt ou tard, la Vie vous apportera la contrepartie de vos choix. Plus votre conscience sera aiguisée, plus vous serez en mesure de voir l'impact de l'émotivité sur vos décisions. En restant derrière le voile de l'inconscience, il vous est impossible d'avoir une vue globale qui vous permettrait de prendre l'entière responsabilité de vos choix. Alors dans cet état d'inconscience, quand la catastrophe survient, votre monde s'effondre et vous nous dites : « *Mais qu'est-ce que j'ai fait au bon Dieu pour que cela m'arrive ?* » N'oubliez jamais que vous êtes le bon Dieu.

Les émotions

Pourquoi, dans certaines circonstances, vivez-vous une gamme d'émotions plutôt qu'une autre ? Pourquoi certains comportements sont-ils accompagnés de sérénité et d'autres d'agitation ?

Vos émotions sont des messagers de ce qui se cachent à l'intérieur de vous. Toutefois, vous serez en mesure de comprendre ces messagers selon votre capacité de résoudre un conflit et selon votre état émotif, car vos perceptions comme vos habitudes de jugement teinteront ces messages. Pour les comprendre, il faut apprendre à vous demander : « *Comment se fait-il que cette réaction m'amène à une émotion de défense ? Pourquoi est-ce que je me mets sur la défensive ? Pourquoi est-ce que je me sens perdu, déséquilibré ?* » Si vous n'écoutez pas vos émotions, vous ne pourrez faire les bons choix qui découlent inévitablement de l'analyse de ces dernières. Sans cette réflexion, vous opterez inévitablement pour le choix le plus facile.

Soyez conscient que les états émotifs perturbent votre calme et qu'ils sont les indices et les ennemis de l'intuition. Indices, car les émotions se manifestent généralement pour une raison, qu'elle soit positive ou négative. La sensation de peur ou de doute que vous ressentez n'est pas nécessairement le signe d'un refus d'avancer, mais peut-être est-elle un avertissement d'un manque d'analyse ou de réflexion. C'est ici que les guides et les Êtres de Lumière qui vous accompagnent interviennent. Ils agissent grâce à votre intuition pour augmenter la sensation de frousse que vous ressentez afin de vous éveiller à une plus grande logique ainsi qu'à une analyse à plus long terme des conséquences. Inévitablement, les choix que vous faites proviennent d'une suite d'émotions ressenties qui modifie votre perception d'une situation ou d'une personne.

Ainsi, les insatisfactions qui vous amènent à effectuer des changements drastiques n'ont pas la même saveur que les réflexions positives qui découlent de votre Essence divine et qui vous sont insufflées par vos guides. Lorsque vous écoutez votre intuition, une infinie gratitude s'empare de vous, car les choix que vous avez alors effectués font partie de votre vérité.

Écouter l'intuition, la voie à suivre

L'intuition est synonyme d'harmonie et elle porte à mieux se comprendre pour ensuite saisir ce qui se passe dans le cœur de ceux qui vous entourent. Cette compréhension passe inévitablement par l'observation de la situation, certes, mais également par le contexte dans lequel elle se joue.

Ce qu'il importe de retenir ici, c'est que l'intuition crée l'harmonie. Elle n'amène jamais la dissension ou l'hostilité. Par exemple, si vous faites un choix qui engendre des changements pour votre famille et que vous demeurez à l'écoute, vous entendrez les commentaires de chacun et vous aurez soin que chacun comprenne la portée de ces changements. Dans votre choix, vous tenez compte de leurs besoins, de leurs idées, de leur bien-être, afin que tous soient en harmonie avec cette nouvelle direction. En présence de la colère, des jugements, des accusations, de la vengeance, de l'entêtement, il est souhaitable de prendre un recul, car l'état émotif alors ressenti bloque la voie de l'intuition.

Dans tous les exemples, toutes les explications qui vous seront fournis dans ce livre, il est primordial de retenir que nous sommes à votre merci. Selon vos humeurs, selon votre générosité, votre désir de distinguer la réalité que vous vous êtes forgé de la réalité en toute objectivité, nous suivons votre tendance, nous nous approchons ou nous vous laissons aller vers d'autres zones plus éloignées des forces divines. Vous êtes votre maître à ce titre, tous les chemins vous sont ouverts : les sentiers dans les champs de blé, les chemins de rocaille, les pistes en montagnes, les rapides des rivières ou encore ceux qui correspondent à l'accomplissement de la plénitude, au respect et à la liberté d'être près de votre conscience d'âme.

Sachez cependant que peu importe le chemin emprunté, si vous le désirez, nous pourrons toujours éclairer vos choix, dans les moments de vulnérabilité, de culpabilité, de détresse, de honte de ses actes, mais aussi dans ceux porteurs de joie, d'espoir, de confiance et de foi. Voilà le plus beau cadeau à vous offrir à vous-même, comme à ceux qui vous accompagnent. C'est le luxe des rois de cœur et la déesse de la bonté d'être.

En effet, en demandant à votre intuition de vous éclairer et de vous montrer votre vérité, vous serez en mesure d'atteindre le niveau de conscience tant souhaité. L'intuition vous conduit vers une analyse logique de l'émotivité, que vous prenez trop souvent pour votre senti. Elle est « la petite voix » en vous qui vous dirige pour vous éviter de revivre la blessure, mais également celle qui la ramène dans d'autres circonstances pour offrir la possibilité de choisir de façon consciente de guérir cette blessure ou de reporter ce choix à plus tard.

Par exemple, vous constatez que les personnes dans votre entourage vous font toujours vivre les mêmes malheurs, même si les personnes qui composent cet entourage varient constamment. Vous vous dites alors : « *Au fil des ans, je suis toujours la même personne. Pourtant, j'accuse toutes les personnes qui m'entourent de la même faute. Est-ce que mon intuition me parle à travers ces personnes pour me montrer ce que je devrais changer en moi pour retrouver l'harmonie ?* » Ainsi, observer ce qui se perpétue dans votre vie, dans votre comportement, implique de prendre du temps pour voir le contexte de la situation et d'où elle tire ses racines.

Nous vous souhaitons de développer cette intuition qui amène l'harmonie avec vous-même, celle de votre âme en accord avec ce que vous vous êtes donné comme défis à relever. Nous ne pouvons les séparer. Tout être humain qui a une conscience de l'autre désire s'améliorer, s'accomplir. Cela est sa motivation profonde. L'intuition, étant la voix du cœur, vous permettra également de développer la générosité, la compassion et le sens de l'équité, lesquels sont des attributs de la source divine. L'intuition est directement reliée à votre intégrité par rapport à vous-même, à ceux qui vous accompagnent actuellement comme à ceux qui vous ont accompagné. L'intuition s'unit à la capacité de vous avouer ce qui est présent en vous, de comprendre ce que vous avez été pour devenir ce que vous voulez être.

Respecter les croyances de l'autre, ne pas le condamner, mais, dans son cœur, lui donner la liberté de choisir, voilà à quoi aspire votre âme, et votre intuition désire vous y conduire. Ainsi, tentez d'être en paix et serein quant aux gestes que vous posez à l'égard de ceux qui font partie de votre vie et de ceux qui ne le font plus. Prenez l'habitude de vous remettre en question, de vous permettre de vous avouer tous vos ressentis sans les réprimer ni les juger. Ne tentez pas de prouver ou de convaincre qui que ce soit que vous avez raison ou que l'autre n'est pas aussi bien que vous, car c'est d'abord et avant tout votre bien-être qui prime. Par exemple, il n'est pas important que la Terre entière soit vénérée par une personne, par un dogme ou par une croyance, ce qui importe c'est que vous vous sentiez bien avec ce qui est dit et fait de cette vénération. Il ne s'agit pas d'être fermé, de croire que vous détenez **la** vérité, mais seulement **votre** vérité. Savez-vous que vous en avez le droit ? Et même si vous n'êtes pas prêt, même si vous vous rendez compte que vous avez peur, le réel respect de vous-même est d'accepter d'être rendu où vous êtes rendu et de vous donner la liberté, la liberté d'être ce que vous êtes. Le Divin désire cela pour vous, car vous avez un chemin unique à suivre, un chemin qui est à votre mesure et qui ira toucher ce que seule votre âme a besoin d'acquérir pour son évolution.

Des sensations reliées au passé

Vos expériences passées teintent votre présent. La rumination de toutes les idées et de tous les scénarios que vous vous êtes construits depuis votre enfance vous attirent de multiples situations de disharmonie avec les êtres qui vous entourent, car, dans ces relations, vous cherchez à combler le manque d'amour ressenti en bas âge. Au fond, vous espérez que la relation avec l'autre soit la réponse tant attendue. Mais, voilà le piège, car dans toutes vos relations, vous êtes en attente. Observez ces relations quelques instants ; que ce soit en amour où vous ne vous sentez pas aimé ou en amitié où vous êtes celui qui acquiesce facilement à l'idée de l'autre sans être réellement en accord avec lui. Dans chacune de ces situations, vous en arrivez aux mêmes conclusions : manque d'amour, d'écoute, de prévoyance, de gentillesse, plus grande complicité avec l'autre qu'avec vous-même.

La situation actuelle que vous vivez est un amalgame de plusieurs circonstances émotives provenant du passé et du présent. Toutefois, elles vous propulsent inconsciemment dans un passé où vous allez répertorier et additionner les similitudes et où le présent perd toute sa réalité. En vous imprégnant de l'émotivité des blessures du passé, vous emprisonnez votre intuition. Ce n'est certes pas cela que vous aviez anticipé. Pourtant, vous vous promenez intérieurement entre le sentiment de vous sentir victime de la situation et l'injustice de ne pas être choisi ou reconnu.

La sensation que vous sentez n'est pas liée au fait de ne pas être choisi ou reconnu, mais plutôt à l'état de victime dans lequel vous vous plongez, avec les sensations qui y sont associées. Cela est vrai, il ne faut pas le nier ni le refuser. En vous sentant victime, vous allez cumuler tous les faits qui justifieront votre état de victime. Cela augmentera votre sensibilité et votre vulnérabilité.

Pour mieux comprendre, illustrons nos propos à l'aide d'un exemple. Dans votre milieu de travail, une personne vous provoque avec sa façon de parler qui vous agace. Cette personne vous semble trop sûre d'elle-même. Vous ressentez son sentiment d'assurance dans ses actions et sa fermeture pour les points de vue extérieurs. Cette personne vient remuer toutes les parties de votre corps. Vous avez peine à contenir votre impatience, à avoir de la tolérance lorsqu'elle vous pose une question, sachant pertinemment que quelle que soit votre réponse, elle en aura une meilleure. Au début de votre relation avec elle, vous sentiez que vous appreniez, et même, vous vous sentiez bien de la côtoyer. Aujourd'hui, vous n'en pouvez plus.

Vous avez envie de l'envoyer promener bien loin de vous, de lui faire un discours sur l'arrogance et vous n'avez surtout pas envie de lui porter attention. Par contre, vous avez assez d'humilité pour remarquer qu'auprès de ce genre de personnes, vous replongez dans le même scénario relationnel vécu antérieurement avec, par exemple, votre sœur. Vos perceptions sont de l'ordre suivant : *elle* a (tout comme votre sœur) raison, *elle* est plus âgée, *elle* reçoit plus facilement l'appui des autres (comme votre sœur avec vos parents). Vous projetez alors vos sentiments d'enfance, des sentiments d'abandon et de non-reconnaissance, sur la personne représentant ce même modèle. Vous ressentez alors la jalousie et la trahison originelles. De plus, si votre patron a l'habitude de l'appuyer régulièrement dans ses décisions professionnelles, votre « petite voix » intérieure vous fera entendre que ceci est injuste ; vous aurez même l'impression, voire la *certitude*, qu'il lui donne *toujours* raison ! Cette « petite voix » est celle qui est reliée à votre blessure d'enfance. Vos questions internes ressemblent à ceci : « *Comment se fait-il qu'il lui donne raison ?* » Vous lui en voulez, vous vivez de l'abandon de sa part. Vous vous sentez trahi. Si une partie de vous ne devient pas observatrice afin de clarifier ce torrent d'émotions qui vous habitent, la « petite voix » ne sera pas celle de l'intuition, mais elle correspondra à celle de la blessure. C'est à cet instant que vous entrez dans une autre zone qui ne correspond pas à l'intuition, dans cet espace originaire des fausses intuitions.

Cette intensité d'émotion peut continuer tant que vous l'alimentez par de fausses perceptions ou par des pensées telles que : « *Elle a raison, encore une autre personne qui a raison ; elle a plus d'ancienneté que moi ; on va écouter ses idées plutôt que les miennes.* » Cela vous bouleverse tellement que vous avez les croyances suivantes : « *Qu'ils se débrouillent tout seuls, l'employeur et ceux qui l'écoutent. S'ils me le demandent, je dirai que je suis d'accord avec ce qu'ils choisiront de faire, même si je sais qu'ils se trompent ! Tant pis pour eux !* » De plus, vous en voulez de toutes vos forces à votre collègue puisqu'elle vient de confirmer l'idée que vous aviez vous-même en tête.

C'est là que votre libre arbitre s'exerce. La décision d'observer la situation en alimentant la partie victime ou en ne tenant pas compte de la jalousie qui vient évidemment de votre blessure vous appartient. L'exercice de votre libre arbitre se présente dans toutes les situations qui vous sont présentées : avec votre sœur, avec cette collègue, avec un bon ami ou à chaque fois qu'on choisit un autre au lieu de vous.

Il est important de reconnaître l'amour de vous, de ressentir que vous êtes un bel être, que vous êtes blessé et que dans cette blessure, vous avez demandé aux autres de changer, mais pas à vous. Vous reconnaissez refaire les mêmes associations et cela vous mène à en vouloir à l'autre et à ne pas vous accorder une plus grande importance. Dans cette rancune qui augmente, vous diminuez l'autre et, dans cette jalousie, vous ne voyez pas ce que la personne pourrait vous apporter, aveuglé par le fait qu'il ou elle ne vous donne pas ce que vous attendiez. C'est d'abord en vous que le changement doit s'opérer.

Faire porter l'odieux à l'autre semble plus facile que de guérir la blessure de l'abandon ou de prendre votre part de responsabilité, mais le chemin de l'harmonie passe inévitablement par là. Soyez assuré que les fantômes du passé qui sont coincés dans votre placard ne pourront en ressortir que lorsque vous leur permettrez de le faire de manière consciente.

L'orgueil

Vous pourriez penser que tout est vrai, vos émotions, les liens que vous accumulez, qui vous font revivre le désespoir ou la détresse du passé. Et vous pourriez dire que tout est voilé par ce que vous percevez et croyez. Toutefois, au moment où l'autre ne devient plus le seul responsable de ce que vous vivez, vous découvrez qu'il y a un petit quelque chose de vous là-dedans.

Cette collègue vous fait retomber dans la même blessure, le même « je-m'en-foutiste » qui vous donne la permission de ne pas l'aider, de lui faire un petit sourire en coin pour qu'elle se sente stupide, de ne pas aider l'employeur. Quand l'occasion se présente, vous lui répondez avec une certaine arrogance. Cette attitude vous pousse à ne donner que la moitié de ce que vous pouvez offrir dans le travail tout en vous disant que de toute façon cette compagnie-là ne mérite pas mieux que ce que vous lui donnez. De votre côté, vous supposez, par contre, que vous méritez beaucoup plus d'estime, de gratitude et de reconnaissance. De toute façon, ils n'auront pas à vous endurer plus longtemps, car dans votre livre à vous, les jours sont comptés.

Vous faites des liens, certes, mais de quel ordre ? La même émotivité, la même ambiance, la même douleur, mais pas les mêmes personnages. Pourtant, le même constat, la même révolte, le même manque de compassion s'emparent de vous. Il n'est pas question d'inclure l'autre, vous avez beaucoup trop donné ! Vous tournez en rond dans vos faiblesses. Vous oubliez la complicité. Vous voyez vos torts en tant que perdant, en tant que victime. Si votre personnalité est très forte, vous êtes en mesure de reconnaître une certaine responsabilité tout en demeurant victime de l'autre. Vous aurez besoin d'amour et de compassion pour discerner le vrai du faux.

Faut-il nécessairement passer par le faux pour arriver au vrai ? Pour certaines personnes, oui. Pour certaines blessures, oui. Ce qui diffère pour chacun, c'est la place que prend l'orgueil par rapport à la volonté de vivre en harmonie. Être en mesure de reconnaître l'autre, tout en vous reconnaissant, sans que cela ne nécessite de dénigrer une autre personne. En encensant une autre personne, votre perception de l'autre tient au merveilleux et aux caractéristiques différentes qui sont présentes à vos yeux. Tant qu'il y a comparaison, ni l'un ni l'autre ne se présentent sous leur vrai jour. Il y a plutôt une euphorie à correspondre et à répondre aux besoins de l'autre, lesquels n'ont pas été comblés dans le passé, pour s'assurer de la sympathie, voire de l'amour de l'autre. Ainsi, comment pourrait-il vous blesser, vous qui lui faites tant de bien ! L'attaque, le dénigrement de l'autre en se vantant de ne pas avoir agi comme lui, la compensation de la blessure par la nourriture, les drogues, le jeu, l'alcool, la religion, la méditation, la sexualité, la lecture, le jeûne, le travail, l'amour, les amis, etc., tout ceci est humain.

Être observateur

La première étape consiste à vous permettre de critiquer la situation qui, encore une fois, vous désavantage, à vous permettre de vivre votre état de victime, de crier à l'injustice parce que c'est une partie de la solution pour pouvoir résoudre l'énigme.

Pourquoi avez-vous subi cela dans votre enfance ? Pourquoi encore maintenant et certaines autres fois dans votre vie ? Qu'est-ce qui en vous, inconsciemment, peut perpétuer cela ? C'est loin d'être une question facile ; elle demande du courage, de l'humilité et surtout, de sortir de la partie de vous qui, en plus de souffrir, ne voudrait sûrement pas avoir à constater que quelque part, cela peut faire votre affaire. Dans la partie blessée, bien sûr que vous êtes blanc et immaculé comme la neige, qu'il n'y a rien à faire d'autre que d'accuser le bourreau ! Vous constatez encore une fois que vous n'avez pas de chance, que le malheur s'acharne sur vous, que vous avez bien de la difficulté à vous en sortir et que vous aimeriez vraiment connaître le fond de l'histoire pour que la roue de cette souffrance cesse de tourner constamment sur vous et vos relations.

Chaque être humain se dit, un jour, ces paroles parce qu'elles sont importantes à dire et à entendre pour toucher un autre niveau de conscience et d'éveil dans son cheminement. Il faut vivre le « *je ne suis pas responsable* » pour ensuite sombrer dans la culpabilité de la responsabilité, puis prendre tous les torts pour finir par équilibrer le tout.

Si nous revenons à notre exemple, vous reconnaissez avoir de la difficulté, que ce n'est pas la première fois que vous vous sentez impuissant devant le comportement de l'autre et surtout que la roue refait son tour. « *C'est l'autre, l'envahissant, c'est moi, le gentil. C'est l'autre qui ne me voit pas ; par son attitude, l'autre mérite que je sois méprisant.* »

L'intuition, c'est demander l'aide et la vérité sur la réalité qui dépasse votre réalité, à savoir les croyances, les accusations et le constat, sans atténuer ni transformer votre blessure, votre jugement, pas plus que la perception des autres et de vous-même. Nous parlons d'humilité, d'intégrité. Elles sont les clés de la libération de la blessure.

« *Alors, qu'est-ce que je pense de moi ? Est-ce que je me compare tout le temps ? Je ne suis jamais le ou la meilleure. Est-ce que je préfère me taire plutôt que d'avoir à me battre pour que l'on choisisse mon point de vue ou est-ce que j'écoute et que je fais ce qu'on me dit de faire même si ce n'est jamais assez ? Est-ce que je crois ce que je viens de lire ? Qu'est-ce que l'on peut penser de moi ?* »

Voici une réponse possible : « *Oui, assurément, j'observe que l'on me rejette, que l'on me met dans un coin, qu'on me juge. Quand j'ai à m'expliquer, je manque d'assurance, je parle lentement, je me fais penser à quelqu'un qui n'est pas intelligent et je peux même le détecter dans le regard des autres.* »

Sans entendre votre discours intérieur, ce que vous observez à travers vos blessures devient non seulement ce que vous croyez sur vous, mais ce que vous pouvez jurer que l'on croit et voit de vous. Alors, tout le monde est piégé, vous-même et les autres, car tous sont placés dans une petite boîte de jugements. En effet, vous vous observez selon vos jugements ou vos croyances et vous croyez être reconnu par le monde extérieur selon les mêmes jugements ou croyances.

Il est facile de faire référence au souvenir d'une blessure venant d'un parent, d'un professeur, d'un frère, d'une sœur, de toute personne qui s'avère significative pour vous. Cette blessure identifiée vous amène devant un certain type de comportement qui est fréquemment répété. Alors, pour ne pas être blessé, vous allez, même sans vous en rendre compte puisque cela peut être un automatisme que vous avez développé pour vous protéger, adapter votre comportement à vos références, aux moyens de défense acquis comme protection. Il se peut que, par protection, dans la certitude de reconnaître un jugement de l'autre, vous réagissiez durement. Il se peut bien que, d'après vous, l'autre mérite le manque de délicatesse et de savoir-vivre que vous lui démontrez. Vous comprenez, dans ces circonstances-là et par votre observation des faits, qu'il n'est nul besoin de vous remettre en question.

Ainsi, il ne vous est pas demandé d'aimer tout le monde ou de ne pas vous respecter. Il est vrai qu'avec certaines personnes, il n'y a pas d'atomes crochus. Vous avez vos valeurs, vos aspirations, vos préférences, par exemple des intérêts sur l'environnement. Pour une autre personne, cela ne lui dit rien. Toutefois, il importe de distinguer ces divergences avec un jugement, une accusation, un malaise ou un comportement qui vous incommode, qui vous ramène dans le passé.

Toucher l'intuition est ce que votre âme souhaite pour vous faire comprendre et ce que l'ego rebute parce que dans ses comportements, dans sa personnalité, il ne veut pas être pris en faute et il ne veut pas revivre la souffrance. Tout cela est légitime et demande de la compassion de votre part. Une partie de vous est meurtrie et, d'un certain point de vue, il semble insensé de votre part de replonger là-dedans. Pourtant, la libération arrive en replaçant la situation dans son vrai contexte, en apprenant à calmer et à gérer ses émotions, en comprenant avec humilité et en acceptant la partie de vous qui peut avoir honte d'avoir été si loin, qui ne pensait pas que ce manque de confiance pouvait vous mener à tant d'ingratitude et de mensonge. La partie ombre de la personnalité veut attendre le plus longtemps possible. Malheureusement, plus on retarde la lumière, plus la noirceur prend de la place et plus cela semble difficile à s'avouer.

Alors vous vous demandez : « *Est-ce que moi, je place cette personne dans ma petite boîte ?* » « *Oui, bien sûr* », répond l'intuition spontanément, car elle ne se justifie jamais. L'ego, lui, va ruer dans les brancards : « *Oui, mais... oui, mais... oui, mais...* » Et avec l'expérience, on accepte de laisser l'ego ou le mental parler. On se résigne même, à lui donner consciemment la place pour qu'il divague dans toutes ses folies et accusations grotesques. Mais avec le temps, vous vous rendez compte que l'attitude protectrice de l'ego ne vous cause que des malaises. À faire payer l'autre, la facture et les dettes des bassesses humaines font trop mal. Vous n'êtes alors plus intéressé à le laisser diriger votre vie sans balises et vous souhaitez que les comportements, qui ne sont plus dignes de l'être que vous voulez dorénavant manifester, cessent. Vous n'avez plus envie de faire payer les autres pour votre malheur. C'est alors que vous décidez d'écouter attentivement ce qui se passe en vous pour y trouver la clé qui vous permettra désormais de rayonner avec ceux qui vous entourent.

Pour arriver à développer l'intuition, il faut d'abord connaître « *quelle est ma référence ou sur qui est-ce que je me base pour prendre une décision ? Les autres ou moi ?* ». L'intuition n'a pas de référence, elle ne se cache pas derrière une justification du genre « *j'agis comme cela parce que...* » L'ego, lui, fait encore des siennes. « *Oui, mais laissez-moi m'expliquer !* » « *Qu'est-ce que je n'aime pas ? Cette personne ne m'écoute pas quand je parle. Elle ne me demande pas mon opinion, alors je me tais. Pourquoi ? Parce que si on ne me demande pas mon opinion, c'est que l'on ne s'intéresse pas à moi ; donc je ne m'impose pas, je me retire. Parfois je boude. Je ne réponds pas lorsqu'on me parle. M'imposer ? Non, merci. On ne veut pas savoir ce que je pense, alors pourquoi le dirais-je ! Je ne ferai pas rire de moi, ah non ! Tant pis pour vous !* » « *Tant pis pour toi* », répond en catimini votre intuition.

Tout ce monologue se passe en vous : les questions, les réponses, ce que l'autre dira ou ne dira pas, les pièges tendus de l'autre. Tout est passé au peigne fin comme vous dites. Mais de quel peigne fin s'agit-il ? Qui l'écoute, le fortifie, l'amplifie, lui donne toutes ses lettres de noblesse et de crédibilité ?

Vous pouvez adopter un autre comportement. Demandez de l'aide, cela suffit pour amorcer le changement ! Il y a certainement quelque chose que vous ne voyez pas. Donc, vous ne pouvez comprendre toute la mise en scène qui se joue. Dans cet instant magique que vous avez choisi, ce n'est plus votre main qui se tend, mais votre âme. Vous n'avez plus peur d'entendre et de ressentir ce que cela provoque en l'autre. Il n'y a pas que votre blessure que vous entendez, mais aussi le malaise que vous provoquez.

Aujourd'hui, combien de personnes sont dans le placard ? Combien de personnes vous ont-elles rejeté ? Et l'intuition de répondre « oui, oui, mais ceux qui aujourd'hui t'écoute n'ont pas à subir les vieilles critiques de ton enfance pour démontrer que tu es bien et que ce sont les autres qui ne le sont pas. » Ceux qui vous écoutent pendant un certain temps et qui vous acceptent ne sont pas responsables non plus, pas plus que ceux qui vous ont écouté et qui se sont sentis mal à l'aise à cause de vos critiques. « *C'est toi qui réagis encore selon ta blessure. Beaucoup ont déjà trop payé. Et toi aussi.* »

Dans cet instant de grâce et de douleur, vous comprenez ! Les êtres ont subi des jugements qui n'avaient rien à voir avec la blessure, eux qui n'ont fait que dire : « *Je ne suis pas d'accord avec ce que tu dis.* » « *Oui, mais je ne veux tellement plus me taire !* », réplique l'ego. « *À quel prix ?* » dit l'intuition. La solitude pour avoir raison ? Êtes-vous prêt à payer encore ?

Tout devient évident. Lorsqu'on vous donne une certaine attention, il y a une partie de vous qui veut tout accaparer fort probablement parce qu'une partie de vous a manqué d'amour. Nul doute que cela vient de là. Cette révélation, que votre intuition vient de vous faire, vous apporte la compréhension de votre comportement qui, sans le savoir, provoque le rejet. Une vision plus globale de la situation vous apparaît et vous permet de voir d'autres facettes de la réalité qui jusque là vous avaient échappé.

Vous venez de grandir au niveau de votre âme. Il ne s'agit pas de vous morfondre dans la culpabilité. Il s'agit de demander de l'aide pour être vigilant maintenant quant à cette habitude. Si vous en ressentez le besoin, faites part de vos observations aux personnes qui ont subi vos réflexes défensifs pour fermer la boucle. En étant à l'écoute de votre intuition, vous allez automatiquement apprendre à comprendre et à gérer vos émotions. Vous pourriez certes demeurer prisonnier d'une blessure et continuer de réagir avec les moyens de défense habituels, mais votre conscience sait que cela ne fera que renforcir la partie de votre personnalité qui s'accroche à cette blessure. Il vous faut cesser d'employer les moyens de défense qui sont peut-être fondés sur une fausse interprétation ou sur un mensonge, mais qui vous amènent tout de même à faire payer des êtres innocents pour ceux qui vous ont jadis blessé.

Comment êtes-vous avec vos proches, vos amis, votre famille, vos collègues de travail ? Comment qualifiez-vous votre degré d'harmonie en vous et avec ceux qui vous entourent ?

Vous attirerez ou repousserez des personnes en rapport avec ce que vous dégagez par vos comportements. En êtes-vous toujours conscient ? Certains êtres que vous côtoyez pourront être positifs, d'autres seront négatifs. Ce qui est négatif pour vous peut être positif pour d'autres. Des parcelles de vous viennent pour apprendre à être aimé, à se préoccuper de la détresse, à devenir plus responsable. La prise de responsabilité est inévitable au cours d'une vie. Elle augmente la compassion et le respect de soi par vos comportements ainsi que la perception que vous vous faites de l'autre. Vous êtes un amalgame de vos talents, de vos qualités, de ce que vous venez donner aux autres, de ce que vous venez leur apprendre, de ce qu'ils ont à vous apprendre à leur tour. La saveur, la couleur, la beauté de votre vie est unique ; elle portera en elle les nuances de votre sincérité.

L'intuition est la voie qui vous apportera la sérénité intérieure. Vous aurez la sensation que vous êtes à la bonne place, que vous participez au livre de votre vie, à l'épanouissement de votre cheminement. L'âme veut toujours raffiner son approche avec les êtres qu'elle rencontre et faire en sorte que tous soient gagnants. Un être peut avoir un talent extraordinaire mais jouir d'une arrogance sans borne. Qui l'emportera aux yeux de l'âme ? Qui triomphera réellement au paradis ? Le talent, la renommée ou le raffinement de ses rapports les uns avec les autres ? Malgré un immense talent, certains fuiront les rapprochements avec leur âme ou leur conscience. N'oubliez pas que vous êtes le maître à bord et, en conséquence, il vous est permis de faire tout ce que vous désirez. Certains passeront outre l'attitude envers autrui, d'autres seront avenants, certaines négligeront leur talent, d'autre le mettront à profit, certains seront reconnus, d'autres bafoués. Mais une chose est certaine, chacun jouera son rôle jusqu'à sa propre révélation.

L'amour inconditionnel

Nous hésitons à parler d'harmonie, d'amour inconditionnel, puisque ces mots ont été galvaudés, surutilisés, employés à différentes sauces qui n'ont pas toutes une saveur divine. Humainement, vous ne pouvez aimer tout le monde, mais vous pouvez trouver pour chaque être une appréciation, un respect, lui accordant la liberté d'être dans ce qu'il peut être venu humblement apprendre. Chacun détient sa vérité et chacun est libre d'ouvrir les portes de son cœur. L'amour inconditionnel commande cependant le respect de l'autre dans l'exercice de ce choix.

Vous savez, la partie de vous que l'on pourrait nommer le mental a accumulé toutes sortes de pensées. En présence d'une personne délabrée, par exemple, vous pourrez vous entendre dire dans votre tête « *Eh ! cette personne n'a pas d'allure !* » Par contre, vous pouvez vous dire, dans l'instant qui suit, après avoir repris vos sens : « *Peut-être que cette personne n'a pas eu la vie facile.* »

L'amour inconditionnel, c'est avoir de l'indulgence pour les individus sans être crédule. C'est faire attention aux regards que vous allez porter, sortir de l'accusation parce que les jugements sont bien souvent un dénigrement plutôt qu'une possibilité d'être.

Avoir de la compassion, de l'empathie, c'est pouvoir offrir, sans attente, au moment opportun, le geste, la parole ou l'aide appropriée. L'ego, qui n'est pas votre être profond, cherchera à se faire aimer ou à se faire apprécier en retour. L'humilité de laisser la place à l'autre devient un geste de générosité qui ne peut conduire à un marasme, car il s'agit là d'un geste divin.

En écoutant votre intuition, lorsque vous n'êtes pas à la bonne place, un malaise s'installe en vous ; ce n'est pas un caprice ni un désir que vous devez tenir caché. Demandez à trouver la réelle source du malaise : « *Est-ce que j'essaie de forcer une issue parce que finalement cette personne me plaît bien ?* »

Lorsque la peur de perdre et les doutes vous assaillent et que cela vous amène à remettre en question votre propre valeur, demandez à votre intuition de vous aider à y voir clair. Apprendre à écrire, à chercher, à comprendre vous aide à remettre en place ce qui se passe en vous. Demandez-vous s'il est précipité d'agir si vous ressentez une urgence. Si attendre est la solution, plutôt que de vous précipiter, le calme, la sérénité vous envahira puisque l'intuition du bon choix ramène votre équilibre et ralenti l'empressement de l'ego. L'écoute de cette partie de vous a priorité sur la peur de l'ego, si tel est votre souhait.

Chapitre 2

Les étapes d'un changement

L'inconfort, l'insatisfaction

Avant que l'idée même d'un changement ne vous frôle l'esprit, il y a plusieurs manières de le détecter. L'insatisfaction en est une. Bien que vous exprimiez celle-ci, les solutions ne vous apparaissent pas encore clairement et cela peut provoquer un inconfort, des émotions négatives ou de la colère. Avant de tomber dans la ronde des critiques, des jugements et du sentiment d'être victime qui vous aveugleront, qui affecteront votre perception de la situation réelle et qui vous feront faire de fausses associations, il vous faut trouver l'élément déclencheur. C'est la première étape.

Cet élément déclencheur, c'est la blessure initiale qui vous a fait tant de mal. Qu'elle provienne d'un manque d'amour, de reconnaissance, de soins, importe peu, car ce n'est pas sa source qui lui donne son emphase, mais plutôt la manière dont vous avez interprété l'événement qui a fait naître ce déchirement en vous.

Dans chaque blessure, il y a une part de pensée magique qui génère des attentes, c'est-à-dire que pour vous maintenir hors de la souffrance occasionnée par ce mal, vous cherchez la guérison auprès de ceux qui vous entourent. Vous espérez que ces derniers prendront inconditionnellement soin de vous, qu'ils verront votre vulnérabilité, qu'ils changeront d'attitude envers vous parce qu'ils disent vous aimer. Malheureusement, l'amour des autres ne suffit pas pour guérir votre blessure, il est tout au plus un pansement, un baume. La guérison s'opère en vous par un changement de comportement, de vision.

Certes, une nouvelle relation vous donnera l'illusion de la guérison, car la blessure n'a pas encore été réactivée par la routine et les vieilles habitudes. Ceci n'est pas pessimiste, c'est la réalité de la nature humaine. Une fois cette douleur réveillée, vous aurez recours à vos réflexes défensifs jusqu'au jour où il devient tout aussi inconfortable de vous retirer dans votre monde, d'accuser ou d'attendre que l'autre comprenne plutôt que de trouver une solution pour sauvegarder l'harmonie. Mais pour sortir de ce cercle vicieux, il faut oser demander l'aide de votre intuition pour voir clair dès qu'un obstacle se pose sur votre route.

Toutes les réponses nécessaires à votre avancement vous seront généreusement offertes par la voix de votre intuition si vous désirez sincèrement les entendre. Nous sommes toujours disposées à vous aider. Peut-être vous l'a-t-on déjà mentionné à différentes occasions dans votre vie ?

Désormais, à la venue de tout changement dans votre vie, observez-vous afin de découvrir s'il cautionne votre pensée magique ou s'il sert votre âme. Sachez que tout changement débute d'abord et avant tout en soi. L'extérieur n'est toujours que le reflet de l'intérieur. Prenez conscience de ce que vous faites vivre à l'autre afin de voir si vos choix lui occasionne du tort ou du bien-être. Seule votre conscience peut vous conduire sur le chemin de l'évolution.

Observez de plus près ce qui se passe en vous et dans votre environnement pour entrer en contact avec votre intériorité. « *Quelle est la raison de mon inconfort ?* » Il y a un manque, une insatisfaction, encore une fois. « *Aide-moi, mon intuition. Comment se nomme ce malaise ?* » Allez plus loin, même si cela est plus difficile à admettre. Quel est ce sentiment ? «*J'en veux à mon père, je suis jaloux de lui, de ce qu'il se permet. J'envie cette personne qui ne semble pas avoir de blocage à affirmer ce qu'elle a à dire. Pourtant je ne voudrais pas être comme cela, me faire juger pour ce que je dis...* » Laissez le passé refaire surface pour mieux comprendre votre blessure. Tout ce qui a été accumulé comme jugement, tristesse, colère, se projette sur l'autre, mais il faut en prendre conscience et laisser ces émotions émergées. Cette partie souffrante ne veut plus revivre le même désarroi et, dès qu'elle voit surgir des données semblables, elle se met en mode défense. Alors, il importe de reprendre conscience du passé dans lequel vous retombez, car la réponse s'y trouve et votre intuition vous y ramène constamment pour en faire l'analyse.

Les dés de votre destinée sont en vos mains et nul ne peut outrepasser votre libre arbitre, qui fait partie des lois divines. Il peut évidemment sembler plus facile de ne pas faire d'efforts à court terme et de vous dire en catimini : «*Je changerai plus tard... avec ces nouvelles personnes qui sont plus souples.* » Nous savons que tout changement requiert sa part d'effort et que c'est la seule manière d'éviter les douloureuses répétitions des scénarios passés. L'intuition ne peut rien vous imposer, car vous êtes le patron. Votre pensée, vos croyances, les théories auxquelles vous avez adhéré, les illusions, la pensée magique, les émotions (tant positives que négatives) vous mèneront tôt ou tard dans la zone du changement à effectuer.

Ce qui est le plus difficile à admettre, c'est la responsabilité totale que vous avez sur votre vie. Personne d'autre que vous n'est responsable de votre passé ni de vos peines. Certes, une part de vous veut comprendre, non seulement les réactions que l'on a envers vous, mais aussi comment s'opère ce processus en vous, qui fait que le même réflexe émotif revient constamment. Bien que l'intuition vous aide à entendre les paroles que vous vous dites et qui vous donnent la permission de justifier votre comportement parce que vous avez été écorché, les blessures rendent plus difficile l'accès à l'écoute de la vérité reliée à l'intuition. Elles rendent la lecture d'une même situation si différente et parfois même complètement opposée ? Chacun y cherche sa vérité en toute honnêteté.

Ainsi, l'intuition vous aide à entendre les paroles que vous vous dites et qui vous donnent la permission de justifier votre comportement parce que vous avez été blessé. Toutefois, l'écoute de votre intuition, messagère de votre âme, requiert votre plus grande sincérité, car il est facile de se laisser tromper par les croyances. «*J'ai été blessé et j'ai blessé à mon tour. Et je croyais que j'en avais le droit.*» Une croyance fige vos pensées et vos actions dans un carcan et ainsi figé, vous répéterez les scénarios sans cesse tant que vous ne prendrez pas conscience de ces répétitions et de leur cause.

Du point de vue de l'âme, la façon dont vous déchiffrez la lecture des évènements fait partie de votre apprentissage. Ce que vous faites de votre blessure et comment vous la faites subir aux autres devient partie intégrante de votre karma. Voilà pourquoi il importe d'être conscient de vos faits et gestes et d'en mesurer l'impact pour que votre karma ne soit pas trop lourd à porter.

Apprendre à devenir responsable implique souvent de la souffrance, des regrets, des demandes de pardon à soi et aux autres, car tout ce que vous avez fui par le passé remonte à la surface. Toutefois, sachez que ces émotions éprouvantes ne proviennent pas du fait d'être responsable, mais plutôt des conséquences de vos gestes antérieurs. Lorsque les vieux fantômes du passé auront été libérés, vous goûterez à la liberté d'être pleinement responsable de vos actes. Voyez donc le processus qui mène à la responsabilisation comme une étape de libération des émotions négatives peuplant vos pensées.

Si vous nous donnez la permission, nous vous aiderons à devenir pleinement responsable de vos pensées, de vos actions, de vos paroles et de tout votre être. Grâce à votre courage et à l'amour que vous avez pour vous et pour ceux qui vous entourent, vous pourrez transformer un comportement qui ne sert plus le dessin de votre âme.

Le déséquilibre

Les blessures, les attentes, les manques, les défis qui ne passent pas par la responsabilisation s'engouffrent dans votre tunnel de négativité, lequel vous mène droit au déséquilibre. Cette zone émotive n'est pas gérée par votre vraie nature de l'être, mais par votre orgueil qui tentera de prendre le dessus sur votre être profond. Vous ne pouvez savoir jusqu'où une blessure peut vous mener. Il n'y a que votre conscience, que l'écoute de l'intuition de l'âme et votre courage qui peuvent vous en faire prendre conscience. Imaginez le courage que cela vous prend pour vous dire: «*J'ai été bafoué, mais ciel que j'ai bafoué à mon tour ! Je ne sais pas si j'ai subi autant auparavant, mais je peux m'avouer, en sourdine, que j'ai aussi blessé. Je n'ai pas donné ma place. Je n'en étais pas conscient et je l'ai fait. Et parfois, je le refais encore.* »

Lorsque le déséquilibre est rompu, il faut vous arrêter et observer ce qui se passe. Demandez-vous: «*Que puis-je faire pour moi ? Je suis responsable de moi, de mon bien-être. Que puis-je faire pour moi, sans l'implication de l'autre, sans qu'il ait à changer pour que je sois heureux ?* » Il est vrai que trouver la solution en vous, c'est tout un défi, car un comportement ne se change pas comme cela. Il faut du temps, une observation, une analyse, une franchise, et des actions conséquentes, mais n'oubliez pas que nous sommes toujours là pour vous aider.

Si vous questionnez votre intuition, vous comprendrez la source de votre déséquilibre et vous reconnaîtrez à quel point la souffrance que vous avez vécue depuis si longtemps découlait de vos propres actions et de vos propres perceptions. Rassurez-vous, cette souffrance n'est pas veine, car sa présence vous a incité à regarder en vous pour découvrir que vous êtes à la fois le bourreau et la victime et qu'il n'en tient qu'à vous de ne plus jouer ces rôles désagréables.

Certes, toute cette étape de responsabilisation fait émerger une foule de questions : *Comment se fait-il que j'ai tant de rancune ? Que m'arrive-t-il ?* « *Comment se fait-il que ma vie se retrouve au même point ? Qu'est-ce qui déclenche cette répétition en moi ? Pourquoi, maintenant, ce n'est que moi qui compte ou mes seuls intérêts ? Suis-je un être égoïste dans cette situation ?* » Vous aurez besoin de vous parler, de vous rendre compte que, malgré les prises de conscience, vous tombez encore dans le panneau et cela ne vous rend pas très fier de vous.

Or, pour traverser cette étape cruciale, il importe que vous ayez de l'humour, que vous vénériez votre courage et non la chute. N'hésitez pas à demander de l'aide à ceux qui vous aiment et surtout, écoutez votre grande voix qu'est l'intuition. Votre âme vous soutien toujours, car elle est votre alliée, le fidèle soldat ayant fait bien des guerres avec votre ego et elle en a vu d'autres. Parfois, vous aurez l'impression de ne pas avancer. Sachez que cette impression est fausse puisque le voile de la matière vous empêche de mesurer votre réel avancement. Mais malgré tout, toutes les prises de conscience que vous effectuerez affineront vos gestes vers une plus grande subtilité, traduisant ainsi l'être généreux et attentif que vous êtes.

L'éveil de la conscience au quotidien

Un nouveau sentiment se joindra à votre bien-être : la fierté de faire attention aux êtres chers et à vous-même. Au début, il est normal de voir réapparaître les vieilles habitudes de l'ego. Cela prend un certain temps pour intégrer les avenues d'une nouvelle façon d'être. Il ne s'agit pas seulement d'un comportement, mais d'une nouvelle intention profonde qui doit s'ancrer solidement pour enrayer la loi du moindre effort, la honte et le manque d'estime de vous. Vous ne pouvez mentir à la lumière intérieure et à l'intégrité de votre être. Votre ego arrive à convaincre tout le monde, sauf votre conscience. Sachez que c'est elle que vous emportez au paradis et non votre ego. Lorsque cette intention profonde de vivre dans la conscience s'installe, il devient difficile d'être encore victime du passé ou d'agir en bourreau, car votre essence n'est pas à l'aise avec ces attitudes et elle vous le fera ressentir. En écoutant ce ressenti, vous saurez qu'une bataille de plus vient d'être gagnée.

Il n'y a point de repos pour ceux qui croisent la lumière. Votre habileté à entendre cette grande voix qu'est l'intuition se développera par la pratique et l'intégrité. Réalisez l'ampleur de cette voix qui transporte en vous les clés de la connaissance de votre plan de vie.

Puisque l'intuition est le reflet de vos réelles intentions d'âme, cela demande beaucoup d'écoute, d'observation et d'intégrité de vos ressentis pour en déceler les nuances. Nous insistons sur ce fait puisque la sérénité dans votre quotidien en dépend. L'intuition atténue les pensées de culpabilité, d'obsession, de rancune. Quel beau cadeau à vous offrir ! Elle vous allège, car toute décision à prendre et tout geste à poser ne relèvent plus de votre propre chef, mais ils proviennent de votre source suprême en qui vous avez pleinement foi.

Par exemple, vous êtes en pleine discussion et vous cherchez vos mots. Vous pouvez alors demander de l'aide à votre interlocuteur, ne rien dire et avoir peur d'être jugé, être déçu de vous avoir replié sur vous-même. Mais, si vous écoutez cette voix intérieure qui vous parle comme un petit ange placé sur votre chemin, quelle fierté vous éprouverez d'avoir osé laisser s'exprimer votre intuition !

Faire attention à l'autre

Le bien-être ressenti en laissant votre essence s'exprimer vous amène également à devenir plus attentif à l'autre, car votre perception s'affine et vous ressentez de plus en plus ses états d'âmes. Certes, les anciens comportements qui offraient un « petit velours » à votre ego ne vous nourrissent plus dorénavant, mais ce changement en vous vous rend également sensible à la tristesse de l'autre, à son sentiment d'impuissance, à la douleur d'une attente, à son manque d'amour, à sa détresse. En écoutant votre intuition, vous avez trouvé la voie de l'amour et de la reconnaissance que vous cherchiez si ardemment à l'extérieur par le passé, vous n'avez donc plus besoin d'épater la galerie.

Non seulement vous devenez de plus en plus conscient de l'autre, mais vous êtes en mesure également de prendre que la part de responsabilité qui vous appartient, sans porter les états émotifs de l'autre sur vos épaules, car vous savez qu'il est, lui aussi, pleinement responsable de sa vie. Toutefois, demeurez vigilant, car l'intention de votre ego est de faire taire l'honnêteté de votre âme et de vous empêcher de trouver le courage de voir qu'il a réussi à vous déjouer. La ligne est parfois très mince entre les intentions pures de votre âme et les desseins manipulateurs de votre ego.

L'intuition et la conscience procurent le respect intégral de l'autre en lui laissant la liberté de son cheminement personnel et de ses croyances, même s'ils sont à l'opposé des vôtres. Chacun à droit à sa vérité et à son libre arbitre et il serait fort vaniteux de prétendre connaître celle de l'autre. En jugeant du degré d'évolution de l'autre ou en le ridiculisant, vous venez vous-même de descendre dans l'échelle de l'humilité. Alors, soyez à l'écoute des jugements de votre « petit moi » qui joue au « grand roi », car ils sont un signal d'alarme pour vous ramener sur la voie de votre âme !

Les jugements proviennent de vos modèles familiaux. Au fil des ans, vous vous êtes identifié à ces jugements au point de vous y confondre. Ils font partie de vous et vous n'avez plus besoin du contexte familial pour qu'ils se manifestent. Voilà pourquoi lorsqu'un d'eux se pointe le bout du nez, il faut vous demander : « *Est-ce si important maintenant ?* » afin de sortir de son emprise et de laisser votre essence vous conduire vers la libération de ce jugement qui ne vous sert plus.

Il est très facile pour une vieille habitude de se camoufler dans une toute nouvelle et belle théorie. Il demeure alors important d'être alerte afin de voir, de sentir la subtilité des ambiances, car c'est l'intention réelle d'être en harmonie dans vos paroles et dans vos actes qui prouve votre sincérité, votre intégrité. En écoutant votre intuition, vous ne cherchez pas à avoir raison, mais plutôt à démasquer les vieilles habitudes pour que règne en vous l'harmonie tant souhaitée.

Vous sentirez chaque jour que vous tentez de faire ce qu'il faut. Vous serez plus présent aux gens sans toutefois vous perdre. S'il y a une possibilité d'agir pour l'harmonie, vous le ferez. Cela vous amènera à toucher à l'épanouissement de votre âme et à laisser tomber le côté superficiel de votre vie. Cette partie qui ressent que vous n'êtes pas utile, que vous pourriez faire mieux, découvre enfin sa mission et se transforme en alliée dans cette quête d'harmonie.

Le malaise a sa raison d'être

Une question nous est souvent posée : « *Est-ce que le malaise est un avertissement positif ou négatif ?* »

Pour nous, le malaise est un incitateur d'observation, comme une lumière clignotante vous indiquant qu'une attention particulière s'applique à cet endroit précis. Il n'est donc ni positif ni négatif, mais plutôt un signal d'alarme. Votre jugement est de mise pour le décoder. Par exemple, cela peut être pour vous indiquer de clore une rencontre dérangeante parce que l'hôtesse critique les habits de tous ses invités et que vous n'avez pas envie de faire du commérage ce soir-là. À un autre moment, pour vous détendre de votre semaine qui vous a tellement stressé et frustré, vous auriez pu trouver cela amusant de réprimander délicatement l'hôtesse sans trop vous prendre au sérieux. En fait, ce qui importe c'est d'être à l'écoute de soi et, d'emblée, les actions à entreprendre vous apparaîtront claires. L'élément positif réside dans le fait de pouvoir voir tout le cheminement que vous avez fait en prenant le temps d'analyser vos comportements ou ceux des êtres qui vous entourent.

Il n'est pas toujours facile d'écouter l'avertissement. Les normes sociales, votre éducation, votre éthique, vos peurs et vos doutes prennent souvent le dessus. Il faut alors arriver à se détacher des sensations, comme si vous regardiez un film en fermant le son, car la musique, les bruits, contribuent à augmenter l'angoisse et la peur. Ainsi, pour comprendre la raison du malaise et pour pouvoir maintenir l'harmonie intérieure, mettez en sourdine vos émotions en faisant fi de l'attachement que vous avez à l'égard de la personne qui critique. Revenons à l'exemple du paragraphe précédent. Vous êtes étonné du comportement de votre hôtesse et vous ne voulez pas que cette dernière pense que vous la jugez, mais vous vous sentez mal puisque c'est ce que vous faites. Vous craignez qu'elle ne vous invite plus, vous avez peur d'exagérer la situation en quittant la soirée. Toute cette musique qui joue dans votre tête accentue le malaise. Cette personne est importante pour vous et vous pensez que partir serait manquer de savoir-vivre envers elle. Tant que vous laissez jouer toutes ces pensées, vous en êtes prisonnier. Oser fermer le son, c'est vous donner la possibilité de dire : « *Présentement je ne me sens pas bien, je m'excuse, mais je dois partir.* »

Il peut également arriver qu'un malaise vous ramène dans un passé tumultueux, même si actuellement dans votre vie, votre moyen de défense familier n'a plus besoin d'être. Illustrons cela par un exemple. Par impatience, votre collègue de travail vous répond brusquement. Vous êtes surpris, vous vous demandez ce que vous avez fait, vous repassez le dernier dossier travaillé pour voir si vous avez oublié quelque chose d'essentiel. Vous décidez alors d'observer ce qui se passe au bureau de votre collègue et vous entendez la discussion qu'elle a avec un client exigeant et insatisfait. Il devient évident que l'impatience manifestée plus tôt était liée au stress occasionné par le règlement de la situation avec ce client et qu'elle n'était pas du tout dirigée contre vous. Ainsi, un réflexe de votre passé est remonté pour vous faire sentir responsable de la situation, mais cette prétendue responsabilité relevait en fait de votre imagination. Cette observation globale de la situation met fin au malaise.

Puis, vous constatez qu'il y a quelque temps, vous auriez encore cherché l'approbation des autres par des réactions défensives. Certes, les réflexes de défense concernant ce qui était blessant pour vous peuvent resurgir dans des contextes identiques à ceux vécus dans le passé, cependant, votre façon de les voir désormais n'est plus sous une lorgnette négative. Votre besoin d'approbation des autres n'est plus aussi présent, car vous savez que vous êtes à la hauteur.

Ainsi, la perception des autres à votre égard change parce que votre impression de vous-même se transforme. Les commentaires, qui jadis trouvaient échos en vous, demeurent maintenant sans effet. La confiance en vous, en votre intégrité, inclut de ne plus vous dénigrer à tort ni de porter une responsabilité qui ne vous incombe point. Admettons qu'on vous dise : « *Ah, regarde ! Tu as oublié tel élément !* » Cette phrase qui, autrefois, aurait été une attaque à votre compétence, à votre intégrité, à votre bonne volonté ou au jugement que vous vous étiez fait de vous-même, parce qu'elle était basée sur la peur, n'est plus aujourd'hui qu'une simple constatation d'un oubli sans plus.

Voyons maintenant les trois sortes de malaises. Le premier est le malaise lié à l'environnement. Il se produit lorsque vous êtes en désaccord avec ce qui se passe parce que cela ne correspond pas à vos valeurs, à votre conscience. Vous n'êtes pas en harmonie avec ce qui vous entoure et il vous faut changer d'environnement pour retrouver l'harmonie.

Le deuxième malaise est celui lié à la peur d'être vous-même. Il se produit lorsque vous êtes en désaccord avec ce qui est dit ou fait, mais à quoi vous collaborez tout de même, par peur de déplaire, de perdre, de paraître faible, de recevoir des blâmes. Vous n'êtes pas vrai à l'égard de vous-même et vous vous sentez incapable d'agir selon vos valeurs. Ce malaise sera présent, que vous soyez conscient ou non de ce que vous faites et pour retrouver l'harmonie, vous devez afficher vos vraies couleurs.

Quant au troisième malaise, il se manifeste lorsque vous collaborez à une action (une conversation par exemple) qui va contre vos croyances et vos valeurs, que vous l'appuyez et que vous en rajoutez dans votre propre intérêt. Vous laissez votre ego prendre le contrôle pour qu'on vous remarque au détriment de la vérité. Ce qui importe à ce moment, c'est de gagner l'approbation et l'amour des autres, mais vous savez au fond de vous-même que cela sera de courte durée. Le malaise est bien présent, mais vous ne voulez pas en voir les conséquences ni les ressentir. Ce dernier ne cessera qu'au moment où vous reprendrez le contrôle de votre ego et que vous vous donnerez tout l'amour et l'approbation que vous attendiez des autres.

Tous les humains expérimentent ces trois types de malaises. Cela fait partie de l'expérience d'assumer la responsabilité de vos propres avancements et d'accepter que « ce qui est » est. Les choix, les paroles et les actions engendrent des unions ou des dissolutions.

Vous n'auriez jamais pensé que votre sœur ou votre frère qui était si près de vous, ne le serait plus, que votre mère qui vous critiquait tant ne le ferait plus, que votre meilleur ami manquerait à sa parole et ne vous remettrait pas l'argent que vous lui aviez prêté. Vous devez accepter ce qui est. Par exemple, s'il pleut, il pleut. Vous pouvez crier à tue-tête, pleurer... la pluie ne cessera pas de tomber pour autant. Ce n'est pas la pluie qui cause le malaise, il provient plutôt du fait de vouloir que ce soit autrement. Le malaise s'installe dès que vous refusez d'accepter ce qui est. La colère d'une personne exprimée à votre égard, qu'elle soit justifiée ou non, ne vous affectera pas si vous acceptez cette colère et la personne qui l'exprime dans l'intégrité du moment. Grandir dans l'harmonie passe inévitablement par la compréhension de l'autre et cela implique de savoir où il en est et de lui laisser une place dans votre cœur.

Il est important de regarder toutes les possibilités, de faire un survol des circonstances, des éloignements, des émotions, des paroles dites et non dites, de fermer toutes les portes tout en reconnaissant, et c'est là le plus difficile, que chacun dans sa conscience et son inconscience a fait ce qu'il pouvait faire à ce moment-là. Laissez aller les gestes, les pertes, les faussetés comme les vérités. Acceptez et pardonnez-vous vos maladresses, pardonnez-vous les moyens douteux ou désespérés que vous avez choisi de prendre parce que vous ne pouviez affronter la réalité. Vous pardonner, c'est fermer la porte, c'est faire disparaître le malaise. La vérité est la voix de l'intuition puisqu'elle vous remet dans la vérité de votre être.

Quelles sont les émotions qui sous-tendent les changements que vous voulez faire ? Prenez le temps de laisser monter en vous la vérité de l'intuition lorsqu'elle vous ramène un souvenir que vous aviez oublié, empreint de mépris ou de jalousie. Alors que vous avez la possibilité de blesser l'autre comme il vous a blessé, votre intuition devient la source du changement plutôt que l'aspiration de votre être. Soyez ému par vous, comprenez les pulsions de l'autre, donnez le temps à l'autre et à vous aussi pour vous ajuster. Donnez le bénéfice du doute. Ne générez pas les blâmes, n'alimentez pas ceux qui fusent de toute part. Laissez aller le temps et croyez au grand cœur que vous êtes. Laissez les autres faire route sans vous pour respecter leur rythme, et continuez votre chemin sereinement. Nous aimons tant cette partie de vous qui vous conduit du malaise à l'amour inconditionnel.

Chacun a son bagage et ses croyances

Avez-vous remarqué comment chaque enfant est différent l'un de l'autre ? Petit bébé, vous arrivez avec une base : votre caractère, vos tendances. Voilà pourquoi certains se fâchent facilement lorsqu'ils veulent apprendre quelque chose, alors que d'autres n'abandonnent pas tant qu'ils n'y sont pas arrivés eux-mêmes. Certains sont plus sociables, sourient beaucoup, s'ajustent facilement, s'offrent pour aider, gardent des secrets bien au fond de leur cœur. D'autres sont très sportifs, ne restent pas deux minutes en place, ont toujours à faire. Certains sont plus sensibles, pleurent la nuit, se réveillent souvent, demandent plus d'affection ou d'attention.

D'autres aideront les démunis de leur quartier, débattront des causes politiques, choisiront d'être à la maison avec leurs enfants en bas âge. Certains iront à l'université alors que d'autres seront autodidactes.

Toutes ces tendances sont innées et leurs manifestations vont tout naturellement avoir un impact sur l'entourage. Toutefois, est-ce que quelqu'un peut affirmer qu'une tendance est meilleure ou plus évoluée qu'une autre ? Chacun fait sa route ! À chaque étape, votre intuition sera présente au service de votre âme, de votre être, de votre ego, de vos caprices et de ce qu'elle veut acquérir comme compréhension sous le phare du respect de soi et de l'autre.

Ainsi, l'écoute de l'intuition demeure le meilleur moyen de comprendre ce qui est bien pour vous au fur et à mesure que vous avancez dans votre cheminement. Toutefois, il est primordial de savoir que ne pas comprendre pendant un certain temps ou ne pas tout comprendre fait partie du cheminement. Il est bon d'être vigilant pour ne pas croire que vous êtes toujours conscient. Il vous faut également prendre garde de déterminer le niveau de conscientisation des autres en fonction de leurs actes et de leurs jugements. Souvenez-vous que le niveau de conscience ne se mesure pas de l'extérieur. S'il vous plaît, ne devenez pas un bourreau du savoir de la conscience ! C'est si facile de plonger dans cette mer immense du savoir avec mille et une théories, toutes vraies les unes comme les autres. Imaginez que vous n'avez pas besoin de convaincre qui que ce soit de ce que vous croyez.

De l'extérieur, vous n'avez pas tous les éléments pour porter un jugement. Par exemple, si vous avez toujours vécu dans un environnement sans règles. Lorsque vous arrivez dans un milieu réglementé, il vous est facile de dire que ces règles n'ont pas de fondement puisque vous avez un point de vue extérieur, ne connaissant pas à fond ce nouveau milieu.

Avant de porter un jugement, il importe donc de prendre en considérations vos croyances, votre connaissance de la situation et la compréhension que vous en faites. Imaginez les affirmations suivantes : – Un enfant ne doit pas dormir dans la chambre de ses parents ; il doit vivre dans son propre environnement – Les chats sont hypocrites – Il faut laver ses draps chaque semaine – Il faut aider une personne âgée qui porte plusieurs sacs – Dans un autobus, il faut laisser s'asseoir une femme enceinte ou qui a un enfant dans ses bras – Il vaut mieux ne pas prendre de café le soir. Chacune de ses affirmations a suscité chez vous une réaction spontanée : « *C'est sûr ! – Oui, ça n'a pas de bon sens ! – Non, moi, je n'ai jamais pensé cela ! Ah ! ça c'est bien !* »

L'être humain est rempli de ce genre de réactions qui se transforment en croyances, lesquelles deviennent votre vérité, votre réalité. Il est même possible qu'une affirmation suscite plusieurs réactions. Imaginez la diversité des possibilités au cours d'une vie ! Chacun de vous a une bonne raison de croire à ce qu'il croit ou d'agir comme il le fait. Qui a tort, qui a raison ? Vous, puisque vous croyez ce à quoi vous croyez. En observant l'autre, n'avez-vous jamais pensé que cela pouvait être une façon de voir qui a bien du bon sens ou qu'un autre ferait le contraire tout en étant parfaitement en harmonie avec lui-même ? Tout cela pour dire que chacun a sa propre réalité, laquelle fait partie de son bagage.

Or, voilà que ce qui est équilibre pour l'un ne l'est pas pour l'autre. Toute qualité peut devenir une exagération lorsqu'elle est utilisée à outrance. Par exemple : faire du ménage, apprendre la discrétion, ne pas avoir peur des jugements, apprendre à ne pas tout donner, dire ce que l'on pense, être convaincant, ne pas vouloir déranger, etc. La difficulté vient souvent du dosage et non de la qualité elle-même. Qui pourrait prétendre n'avoir jamais imposé à l'autre sa façon de faire ?

N'oubliez pas que chacun de vous débute son périple sur Terre avec un bagage qui lui est propre. Ainsi, la ligne de départ variera d'un individu à l'autre selon ce qui se trouve dans ce bagage. Dès le signal de départ donné, votre chemin sera une exploration pour trouver l'équilibre entre les joies et les pleurs, les doutes et la confiance, la naïveté et le discernement, l'égoïsme et la générosité, l'inconscience et la conscience. Côtoyer plusieurs niveaux à la fois, comprendre ses limites, voir celles des autres, c'est partir sur des lignes différentes ? Imaginons que vous souhaitiez qu'un de vos proches prenne ses responsabilités et qu'il cesse d'agir comme un adolescent. Il importe ici de réaliser que les comportements qui vous dérangent font partie de votre vérité. Avez-vous déjà tenté de changer une pomme en banane ? Cela n'a pas de bon sens, nous direz-vous ! Croyez-vous ? La pomme deviendra une banane, si, pour vous, c'est évident qu'elle est une banane. Toutefois, au lieu d'imposer à cette personne votre façon de penser, avez-vous essayé de comprendre qu'elle est là où elle est ? Le malaise que vous éprouvez par rapport à la situation vient du fait que votre ego est sorti de la boîte dans laquelle il était. Pour le résoudre, il faut accepter de laisser aller.

Sortir des anciens mécanismes

Après l'apprentissage du respect de soi, il y a le respect de l'autre sans s'oublier évidemment. Sous le couvert de sa nouvelle conscience, on peut se servir de belles phrases théoriques pour écraser quelqu'un : « *À partir de maintenant, je détiens ma vérité, j'écoute mon senti, alors si cela me convient j'y adhèrerai, sinon, c'est non. Dans cette phrase, je ressens qu'il y a un malaise, mais lequel ? Dites-moi, Intuition et mes amis d'en haut, d'où vient ce malaise ? Aidez-moi, car si je me trompe maintenant, j'ai peur de ne plus avoir confiance.* » Retenez bien ceci : vous pouvez apprendre sans dire que vous vous trompez. Et c'est là une nuance fort importante pour vous. Demandez-vous lorsque vous prononcez de telles phrases : « *Qu'est-ce que je projette à l'autre à travers ces paroles ?* » Votre personnalité aura peut-être envie de répondre : « *Oui, mais cela m'a pris tellement de temps à m'affirmer !* » Malgré tout, demandez à votre intuition de vous dire qu'est-ce que vous projetez à l'autre à travers ces paroles.

Puis, écoutez, ressentez la réponse de votre intuition. Qu'entendez-vous, que ressentez-vous en toute honnêteté à la suite de ce questionnement ? L'humilité ? La présence à l'autre ? Le désir de ne plus vous faire piler sur les pieds ? L'ouverture à l'autre ? Le souci de l'autre ? Est-ce que cette affirmation vous attire de la sympathie ou un besoin de silence ? Est-ce qu'elle vous permet de garder l'harmonie avec l'autre ? De notre point de vue, la conclusion semble évidente, l'est-elle du vôtre ? Demandez à votre intuition si vous êtes en présence d'un mécanisme de protection lié à une blessure d'enfance et, dans l'affirmative, quel mécanisme vous fait réagir ainsi ? Si on vous a pilé sur les pieds lorsque vous étiez en bas âge, il est probable que, pour prendre votre place aujourd'hui, vous procédiez inconsciemment de la même manière pour y arriver.

Pour sortir réellement de sa boîte, il importe de guérir la blessure d'enfance pour que cette dernière n'ait plus d'emprise sur vous. Cette guérison vous amènera à dire : « *J'ai été écrasé. Je me suis révolté, j'ai blâmé, condamné, coupé les liens avec ceux qui ne m'ont pas respecté, j'ai renoué d'amitié en les accusant, j'ai renoué en les acceptant. J'ai diminué quelques personnes pour me sentir bien, je me suis pardonné d'avoir agi de cette façon. J'ai découvert que je pouvais être bourreau tout en étant une victime. Voilà donc un apprentissage important, mais humblement acquis, dans la réalisation de ma mission de vie.* »

L'amour inconditionnel de soi permet l'amour de l'autre sans condition. N'oubliez pas que cet amour inconditionnel est soumis à l'impermanence de la vie, c'est-à-dire qu'il sera appelé lui aussi à se modifier, à s'adapter aux changements qui s'opèrent en vous et en l'autre. Cette conscience de la loi de l'impermanence vous permettra d'affirmer : « *Ce que j'ai vécu m'a permis de changer le comportement que je croyais légitime de ma part. J'ai survécu, tu peux survivre également. À toi de choisir dans quelles conditions !* » Vos choix, vos actions, vos pensées déterminent ce que vous êtes. Ils modèlent votre vie à votre image. Mais pour en comprendre tous les secrets cachés, demandez à votre âme de vous en révéler le sens.

L'intuition n'est pas un don

Et si l'intuition n'était pas un don, mais une réelle capacité d'être suffisamment conscient de soi et de l'autre pour remettre en question sa responsabilité, sans l'exagérer ni la diminuer, dans le but de liquider, dans le moment présent, toute émotivité permettant ainsi de pouvoir tourner la page au fil des événements et des situations ?

Les lois divines qui régissent la matière sont pleines de bon sens. C'est une vérité de La Palice. Elles n'ont même pas besoin d'être débattues. Nous allons vous donner un exemple qui concerne le libre arbitre : « *Es-tu **un peu** enceinte ? Oui, un peu !* » Ces termes font opposition à *pleinement* enceinte. Si vous pensez que vous êtes juste un peu enceinte, vous pouvez vivre comme si vous ne l'étiez pas. Vous pouvez faire semblant que vous n'avez pas à faire attention, prendre de l'alcool, de la drogue. Votre libre arbitre vous permet de dire : « *C'est mon corps, je peux en faire ce que je veux.* » Mais si vous êtes enceinte, pleinement enceinte, pas juste un peu, il se peut que vous changiez votre mode de vie, que vous cessiez de fumer la cigarette, que vous vous couchiez plus tôt, que vous vous alimentiez mieux. Êtes-vous conscient de l'ampleur de la liberté que vous offre le libre arbitre ? Vous pouvez mentir, faire semblant, nier la paternité, ignorer le fœtus.

Peu importe l'option que vous choisirez, cette dernière fera toujours partie de votre vérité puisqu'elle représente ce qui vous convient à ce moment. Et étonnamment, vous remarquerez, si vous êtes présent à vous-même, que parmi toutes les possibilités qui existent une seule vérité s'impose d'elle-même dans le moment, car c'est la vôtre. Cette vérité s'appelle le respect de soi, le respect de l'autre, la liberté de choisir et d'agir ou encore la conscience des conséquences. Elle vous laisse, ainsi qu'à l'autre, l'opportunité de grandir dans ce que vous pouvez et voulez voir et croire.

Ainsi, cette vérité qui est la vôtre devient une application du grand principe de l'amour inconditionnel. Elle permet de dire : « *Je perçois les conditions et les croyances auxquelles tu adhères. Je ne vois pas les choses de la même manière. Nous nous faisons du mal à tenter de coller nos réalités, nos vérités ensemble. Elles ont déjà eu les mêmes objectifs, il vaut mieux se laisser s'épanouir à nos propres rythmes. Je t'offre tout mon amour.* »

Les grands pas à faire sont de vous responsabiliser, d'être conscient de ce que vous dégagez comme énergie. Vous pouvez vous organiser pour être rejeté, attirer la pitié, être aidé sans bouger vous-même, agir par intérêt, répondre d'une façon arrogante. Mais vous pouvez aussi apprendre à vous observer pour voir si les paroles intérieures correspondent à celles dites à haute voix. Dans cette voie de l'observation intérieure, tout devient passionnant, même les instants plus difficiles comme ceux qui demandent une pleine intégrité de soi, par exemple, arriver à se dire : « *Je suis responsable, je peux, si je le veux, persister à vouloir transformer la pomme en banane. De tout mon être, je sais que la banane est meilleure. Mais à quoi bon si cela m'amène un plus grand malaise.* » S'entêter ne peut apporter la paix intérieure.

D'une plus grande conscience de soi résulte une plus grande conscience de ce que vous faites subir et vivre à l'autre. Cette conscience vous mène au véritable amour inconditionnel. C'est la conscience des écarts commis des deux côtés. Soyez cependant indulgent envers vous car vous êtes en apprentissage. Ainsi, même si les plus belles intentions vous habitent, il est possible que vous blessiez l'autre ou que vous soyez blessé. Il n'y a pas que les écrits qui restent. Si vous voulez observer de plus près, la honte ou la fierté de votre être, unifiée à la réalité, à l'humanisme, à l'humilité d'être, s'imprime également en vous.

Chapitre 3

L'intuition guérit les émotions

En reconnaissant la réalité

Pourquoi parlons-nous de la guérison des émotions par l'intuition ? Parce que l'intuition est au-dessus de l'émotivité. Elle se manifestera lors d'un questionnement pour comprendre et apprendre d'une situation. Ce qui implique, au préalable, l'exploration de la blessure psychologique qui l'a provoquée pour obtenir une compréhension des réactions en découlant et l'acceptation de tous les éléments de la situation. Ainsi, grâce à cette introspection, vous pourriez faire le constat suivant : « *Je voyais bien qu'en provoquant mon frère et en lui criant après, je le faisais sortir de ses gonds et je recevais, chaque fois, des coups. Malgré cette observation, j'ai toujours imputé la responsabilité de la situation à mon frère et continué à dire jusqu'à tout récemment qu'il était violent. À neuf ans, je pouvais percevoir mon scénario. Je disais non, je criais et j'espérais, pendant que je pleurais dans ma chambre, qu'il devienne gentil avec moi, tout en le provoquant et en le rendant coupable aux yeux de mes parents. Cependant la peur générée par la violence physique de mon frère m'empêchait de voir que je la provoquais et que je causais également celle que vivait mon frère. Tout cela était plausible pour moi et demeura ma perception pendant de nombreuses années.* »

Vous pouvez occulter l'ensemble de la dynamique et n'en retenir que la vengeance et la rancune. Le libre arbitre vous donne le droit de croire qu'en une partie de la vérité, de la changer, de l'amplifier pour rendre l'autre totalement responsable et de se disculper. Malgré le fait qu'il soit le plus grand des privilèges humains, il n'est pas garant de la paix du cœur. Utilisé dans l'inconscience, il peut nourrir une sorte d'illusion primitive reliée à la colère et aux malaises vécus. Cette illusion provient de la validation que le libre arbitre donne aux perceptions que vous entretenez comme celle de l'exemple précédent : « *Mon frère est un homme violent.* »

Souvenez-vous, il n'y a pas de jugement de la part de ceux qui vous accompagnent ni même de votre âme. Le mal-être que vous éprouvez provient de la perception que vous avez donné aux événements et non des événements eux-mêmes. Vous avez fabriqué **une** réalité par vos perceptions, mais cette dernière ne correspond pas à **votre** réalité. En y mettant toute votre énergie pour passer votre message, vous êtes parvenu à convaincre tous vos amis et votre famille. Tous les arguments étaient de mise pour y arriver et vous avez parfois déformé *un petit peu* les faits vécus en votre faveur. Peu importe, ils vous ont cru... mais votre âme et votre intuition, elles, ne sont pas dupes ! Elles vous mèneront à vous dire la vérité pour guérir vos blessures et pour cesser d'entretenir la haine qui nourrit les émotions et la partie mensongère des souvenirs. Personne ne peut acheter la sérénité, mais l'entêtement de votre ego peut s'acharner à vous le faire croire. Alors, pour la trouver, il vous faudra regarder la vérité en face, mais ne soyez pas inquiet, l'intuition ne garde aucune rancune envers vous. Peu importe les choix que vous avez pu faire et les actions que vous avez posées, elle sera fidèle au rendez-vous pour vous aider à mieux voir cette vérité qui est vôtre.

L'intuition permet de donner un sens à votre vie. C'est une vision lucide qui provient de votre conscience pour vous apporter l'apaisement de votre cœur ballotté par la gamme de vos émotions. Il est évidemment question ici de l'intuition divine. Elle amène une guérison émotionnelle. Après avoir blâmé le monde extérieur de vous faire vivre autant d'émotivité, elle vous permet de faire la part des choses pour retrouver l'équilibre.

Il n'y a réellement pas de perdant. Chacun d'entre vous a, à un moment donné, fait des choix qui l'ont conduit au respect et à la liberté, non pas celle qui dit : « *Ils l'ont choisi, c'est leur faute* », mais celle qui vous amène à la compréhension des rôles que vous jouez sur le chemin de l'évolution, à la transformation de l'être à travers ses prises de conscience.

Ces prises de conscience, ce sont celles qui font de la peine parce vous auriez tant voulu saisir le sens de vos actes avant de blesser ! Ce sont celles qui vous font réaliser votre attitude quant aux valeurs matérielles. Comprenez bien. Le matériel est divin et il ne pose aucun problème en lui-même. C'est plutôt votre attitude de supériorité par rapport au matériel qui crée le sentiment de possession ou le manque de respect envers lui qui pose problème. Mais l'apprentissage de la matière vous oblige à vivre ces émotions pour les conscientiser. Ce sont également ces prises de conscience qui vous font réaliser l'égoïsme dont vous faites preuve quand vous optez pour la satisfaction de vos désirs en laissant tomber ceux qui vous entourent ou encore quand vous réalisez que vous avez été voleur, voleur d'idées, de cœurs, de confiance, d'engagements en prenant de l'autre sans redonner, en prenant à ceux qui vous ont le plus aidé, voleur de charme, ou que vous réalisez que vous avez trahi, trompé, menti et rendu l'autre responsable de vos actes ou que vous avez tout donné en oubliant de vous protéger.

En étant responsable

Pour devenir responsable, il faut savoir qu'il y a deux niveaux de responsabilités : un qui appartient à la partie humaine et l'autre à la partie divine de votre être. L'issue de tout conflit, de toute friction ou de toute animosité dépend d'abord et avant tout de la prise en charge de ces différents niveaux de responsabilité. Par exemple, une mère remplie de colère peut développer une antipathie envers son enfant et le rejeter. Ce dernier cherchera alors, par tous les moyens, à obtenir son attention et cela ne fera qu'accentuer le rejet de la mère. Cette attitude fera naître chez l'enfant la même antipathie et la mère et l'enfant se trouveront dans un cercle vicieux. Plus la mère et l'enfant se rendront l'un et l'autre responsables de leur malheur respectif, plus le conflit s'envenimera. La solution ne peut exister que dans la prise en charge des deux niveaux de responsabilité.

Ainsi, tous les choix, l'exagération des émotions, des jugements, des blâmes, bref, la façon de se comporter sur le chemin de la Vie appartient à la partie humaine. Les choix de l'incarnation, d'élever sa conscience, d'en être digne, de se référer à son intuition, de se questionner appartiennent à l'âme, à l'ange gardien, aux guides, aux amis retrouvé de l'autre côté. L'intuition est le porte-drapeau officiel du Divin, de son essence et de sa provenance.

Prenons pour exemple les relations amoureuses. Elles sont, pour bien des gens, un terrain fragile puisqu'elles peuvent être le récipient de diverses blessures, de grandes attentes, de pertes, d'humiliations, de cruauté. Mais elles sont aussi, on le souhaite, la place de l'amour, de l'expansion, de la collaboration, des projets, de la guérison, de l'entraide, de l'écoute de son intuition, de la pratique de croissance individuelle, de l'épanouissement de la sensualité, de la sexualité, de l'encouragement et de l'épanouissement de son être. Vous entrez à la maison et en mettant les pieds dans la cuisine, vous comprenez tout de suite que votre conjoint n'a pas eu une bonne journée. Bien sûr, ce n'est qu'une sensation que vous avez eue en voyant que son porte-documents avait été lancé et que ses affaires n'étaient pas rangées comme à l'habitude. Ce sont là les seuls indices dont vous disposez. Votre conjoint vous ayant déjà fait la demande de le laisser mûrir lorsqu'il n'est pas bien, vous sentez qu'il serait préférable en ce moment de lui laisser un temps d'arrêt pour réfléchir avant d'entreprendre la conversation avec lui. Mais, de votre côté, la journée a été bonne. Le contrat tant attendu a été signé, vous avez reçu des félicitations et vous avez envie de le crier sur tous les toits et de fêter. Vous faites acte de présence, lui envoyez un signe en lui disant: «*Je te laisse seul, je vais faire un appel téléphonique.*» Vous appelez votre sœur, lui racontez votre joie, et votre souhait d'être entendu s'est exaucé.

Dans cet exemple, les besoins de chacun sont respectés et personne n'éprouve de déception ni de malaise. Ce ne fut pas toujours le cas. Vous avez été longtemps déçu quand vous n'étiez pas accueilli. Vous vous êtes fâché. Vous vous êtes senti abandonné, laissé pour compte, vous avez cru encore que vous n'aviez pas quelqu'un de présent pour vous. Vous en avez souvent parlé ensemble, vous avez reconnu que vos émotions vous poussaient à amplifier la situation et que vous n'aviez plus envie d'exagérer autant. Et ce ne fut pas une promesse en l'air ! Vous avez respecté votre besoin de prendre le temps de récupérer, de vous reposer et de laisser aller les frustrations de la journée. Vous redonnez à tous les deux une qualité de vie pour la soirée.

En prenant le temps

L'intention d'harmonie joue un grand rôle. Quand vous avez de la rancune, quand vous voulez obtenir ce que vous désirez à tout prix et tout de suite, que vous vous souvenez quand l'autre n'a pas été là pour vous et que vous vous dites « *cette fois-ci, je m'en moque, je n'ai pas le goût d'attendre !* », la voix de l'intuition va vous proposer d'attendre. Elle va vous suggérer de changer d'idée, de vous faire plaisir, de vous faire revoir un moment durant lequel vous avez été en harmonie. Mais parfois, même si toutes les forces positives sont déployées, vous décidez d'avoir une satisfaction immédiate plutôt que d'attendre et ainsi nourrir l'harmonie.

La ligne est mince entre se raisonner et déraisonner. Si vous écoutez bien en vous, vous comprendrez qu'il n'y a aucun confort dans la démesure. La démesure ou l'exagération d'une émotion prend le chemin des explications du passé, des remontrances, des justifications. « *Pourquoi est-ce que je te donnerais ce temps ? Moi, je cours tout le temps !* » Prenons des exemples du passé pour lesquels vous ne pouvez rien changer. Vous blâmez l'autre pour d'autres circonstances qui n'ont rien à voir avec lui. Mais vous croyez avoir raison et vous vous stimulez à partir des déboires qui n'ont plus rapport avec la réalité. En fait, vous faites perdre l'équilibre à l'autre en le conduisant dans de vieux buissons ardents qui n'ont plus leur place et qui vont le déstabiliser, pas seulement par les exemples, mais également par le ton accusateur, parfois humiliant, qui le jette par terre. Les couteaux peuvent voler de plus en plus bas, aller tout droit là où ça fait le plus mal, et vous le savez.

La volonté d'harmonie demande de choisir de nouveau, d'écouter, de prendre le temps de respirer un instant pour retrouver le calme et pour que pointe une idée dans le creux de votre cœur. «*Je veux vivre de l'harmonie en moi.*» Le moment de la victoire, de la parole, où l'autre est enfin battu ne vaut guère tout le tumulte intérieur occasionné par la tristesse, la culpabilité, la bataille, par les tourments de l'esprit. Dire et redire ce qui a été dit et ne pas dire s'entremêlent sans cesse. Vous savez bien qu'au fond, ce n'est pas ce que vous souhaitez et ce que vous voulez vivre. Pour être bien, vous avez tous les appuis possibles. Il ne vous reste qu'à choisir les mots pour écrire votre présent et votre futur.

Vous savez, il ne faut jamais cesser de vous questionner, car l'illusion du bien-être camoufle souvent une mauvaise façon de mettre en pratique l'affirmation de soi. Cette expression a été galvaudée et cela lui donne parfois des allures de non-respect de soi et de l'autre. S'affirmer, ce n'est pas écraser l'autre. Au contraire, c'est trouver une place pour soi tout en laissant de la place à l'autre. Ce n'est pas «*je fais ce que j'ai à faire et je t'abandonne.*» Il n'est pas nécessaire d'envoyer l'autre promener. Cela s'appellerait de la vengeance, de la rancune, car on ne laisse pas quelqu'un dans des difficultés auxquelles on a collaboré au nom de l'affirmation et de ses choix. Lorsque nous provoquons les autres, ce n'est pas vrai que nous ressentons un réel bien-être. Pendant un certain temps, vous pouvez vous faire croire que tout va bien, que cela ne vous dérange pas. «*J'ai le droit de m'affirmer, j'ai le droit de me faire respecter.*», mais après un certain temps l'illusion du bien-être s'estompera et vous ressentirez un malaise. L'affirmation de soi ne mène jamais à écraser l'autre. Vous pouvez vous mentir, mentir à votre environnement, mais pas à votre conscience.

Si quelqu'un vous parle, vous essayez d'écouter et de vous ouvrir à la possibilité que l'autre désire vous proposer. Cela ouvre une porte pour vous, «*Je n'avais jamais entrevu l'affirmation de soi et l'acceptation de quelqu'un de cette manière-là.*» Nous pourrions dire que l'être humain s'ouvre et se referme aux autres. Toutefois, l'ouverture est trop souvent associée à l'idée qu'il faille tout accepter de l'autre, croyant ainsi que tout ira bien et qu'aucune discorde n'aura lieu, même si cela occasionne des changements de point de vue opposés à certaines de vos valeurs. S'ouvrir à l'ouverture n'est pas de tout prendre, mais plutôt d'« être » avec l'autre, en toute harmonie, en laissant votre intuition vous guider vers ce que vous avez à apprendre de l'autre. Votre âme, si vous l'écoutez, vous transmettra également la manière d'être avec l'autre pour qu'à son tour il reçoive l'apprentissage qui lui sera bénéfique. Il est certes plus facile de se fermer, de juger, de tout accepter de l'autre, car cela ne vous confronte pas à votre peur de l'inconnu qui vous demande, à chaque ouverture, d'être dépassé. L'être humain est habitué à se battre, de retirer sa confiance, et finalement, il demeure emmuré dans les mêmes sphères. Ce sont des moyens de survie qu'il utilise depuis sa naissance, à défaut d'avoir appris à utiliser son intuition, le seul outil permet de passer du « mode survie » au « mode vie ». Mais pour pouvoir utiliser ce moyen extraordinaire permettant de vivre pleinement votre incarnation, il vous faut acquérir l'harmonie au niveau de l'âme et du cœur.

Maintenir un tel objectif, avec candeur et par naïveté, demande l'aide de l'intuition. Bref, plus vous vous laissez guider par votre intuition, plus vous trouverez l'harmonie du cœur et de l'âme et plus vous trouverez l'harmonie du cœur et de l'âme, plus il vous sera facile de vous laisser guider par votre intuition. Or, pour y parvenir, il faut franchir une étape importante : cesser d'utiliser les réflexes de survie. Vous avez été blessé et cela vous a fait développer une certaine méfiance. Pourtant, il y a des endroits dans votre cœur qui sont restés intacts et dont la pureté n'a pas été entachée par ces blessures. Cette partie de vous est beaucoup plus forte que vous ne le croyez. Par réflexe de survie, vous vous en remettez à la partie plus fragile pour vous défendre, pour attaquer au sens figuré ou riposter à ce qui vient de l'extérieur.

La partie meurtrie de votre cœur oriente vos réactions. Des blessures qui proviennent d'un autre espace-temps où vous avez vécu différentes facettes des forces et des limites de votre ego vous ont permis d'amasser un bagage d'expériences à la fois extraordinaires et pénibles. Qu'on pense aux colères, aux encouragements, aux punitions, aux permissions. Mais n'oubliez pas que la somme de toutes ces expériences fait de vous l'être extraordinaire que vous êtes aujourd'hui. C'est grâce à cette somme d'expériences que vous dégagez l'énergie qui fait que l'on vous aime et que l'on vous apprécie. Elle s'exprime par ce que vous appelez votre caractère dont découlent vos réactions et, bien sûr, vos jugements envers ceux qui croisent votre route. Sachez que si nous parlons souvent des jugements et de croyances, c'est parce qu'ils sont la source de toutes vos guerres entre frère/sœur, père/mère, père/fils, mère/fille et vice versa.

Revenons à l'intuition. Grâce à elle, vous pouvez reconnaître de vieux réflexes que vous aviez dans des situations antérieures et qui sont encore présents aujourd'hui. Leur présence vous est reflétée par la perception que vous avez des agissements des autres envers vous. Par exemple, dans votre passé, si vous avez souvent été abusé, les gens que vous côtoyez aujourd'hui vous apparaîtront souvent être des abuseurs. Le sont-ils réellement ou est-ce votre perception, basée sur vos croyances, qui vous permet d'émettre un tel jugement ? Pour le savoir, il vous faut modifier votre perception, donc vos croyances. Ce n'est pas une mince affaire, n'est-ce pas ?

La pensée magique

Nous pourrions vous dire en plaisantant que la pensée magique nous donne bien du fil à retordre ! Elle fait partie de certaines théories qui appartiennent au Ciel, mais qui ne sont pas ou peu applicables sur la Terre, dans la dimension terrestre.

La pensée magique est en réalité une croyance qui vous fait penser que l'intervention divine fera tout ce que vous lui demandez sans que vous ayez à faire d'efforts ni à accomplir d'actions concrètes. D'un coup de baguette et hop ! Votre souhait est exaucé. Voici un exemple pour l'illustrer davantage : Vous faites confiance aux anges gardiens qui vous guident et vous vous sentez protégé. Votre confiance en eux est telle que vous leur confiez la protection de votre demeure. Ainsi, vous êtes convaincu qu'il ne vous est plus nécessaire de verrouiller la porte de votre maison à chacune de vos allées et venues. Un soir, de retour chez vous, vous constatez que quelqu'un est entré pour y dérober plusieurs objets. Vous êtes paniqué. Il y a toutes sortes de pensées qui surgissent en vous, non seulement à propos de ce qui vous manque, mais également au sujet de la protection de votre maison par vos anges gardiens !

Toutefois, avez-vous réalisé à quel point la tâche que vous leur demandez d'accomplir est lourde ? Le Ciel vous supporte en vous envoyant de l'amour et du respect. Mais, il est difficile pour des anges gardiens de bloquer votre porte, de la maintenir fermée ou de contrer un intrus soutenu par des polarités négatives qui l'encouragent davantage à convoiter votre chaîne stéréophonique plutôt qu'à réfléchir au temps que vous avez passé à économiser pour l'obtenir et à avoir de la sympathie pour vous. N'oubliez pas que les anges gardiens ont une vibration plus élevée que celle de la matière, il leur est donc plus difficile d'agir sur elle.

La pensée magique n'est donc pas réaliste, car elle évoque une promesse que le Ciel ne peut tenir sans votre collaboration. Les anges gardiens vous soutiennent grâce à votre intuition. Ainsi, vous pouvez recevoir de cette dernière, l'idée de changer la serrure, de vous procurer un système d'alarme parce que ceux qui vous guident perçoivent qu'il y a une ambiance négative due aux allées et venues de rôdeurs qui se promènent sans cesse dans votre quartier. Mais, en aucun temps, il ne vous appartient de composer avec celui qui croit mériter votre bien et qui se donne le droit de le voler sans remords parce qu'il a eu une vie difficile, douloureuse et parce qu'il prétend ne pas mériter les nombreuses blessures qu'il a subies.

Vous ne pouvez comparer le Ciel et la Terre quant à leur fonctionnement qui ne permet pas d'avoir la même innocence, la même ouverture. Les basses énergies de la Terre demandent une toute autre notion du respect en faisant trop souvent basculer la règle du « un pour tous » à celle du « tous pour un ». Certes, vous venez d'un monde positif où l'énergie négative ne s'approche même pas de vous, où vous n'avez pas besoin de protection, où l'on garde sa parole, où le bien-être de l'autre, la générosité et le respect font loi sans aucune dérogation. Sur la Terre, il vous faut désormais tenir compte de l'influence de cette énergie négative qui change les règles du jeu pour être en mesure de contrer ses effets.

L'aide que nous vous apportons est « subtile » énergiquement parlant. Elle demeure donc « vibratoire » et c'est grâce à votre action qu'elle prendra forme, qu'elle s'enracinera dans la matière. Ainsi, nous sommes tributaires de votre volonté, des croyances réalistes ou illusoires auxquelles vous adhérez. Ce cheminement existe pour vous permettre de discerner les règles de fonctionnement de la Terre de celles du Ciel.

Par exemple, vous souhaitez changer d'emploi, car, là où vous êtes actuellement, rien ne va plus avec les collègues, avec les patrons, avec les heures de travail et avec le surplus de travail constant. Bref, vous n'en pouvez plus. Vous avez peur, vous tremblez, et pourtant, vous allez donner votre démission. Après quoi, vous êtes complètement fébrile, rempli d'insécurité, désorienté. Vous avez peur de ne pas retrouver un emploi et en même temps vous vous dites : « *Je me suis dépassé, j'avais toujours peur de m'affirmer, et cet après-midi je l'ai fait. Je peux donc me féliciter plutôt que de me confiner dans l'inquiétude, car j'ai senti votre soutien pour y arriver. J'ai toujours donné mon cent pour cent et je suis soutenu. Il n'y a donc aucune raison de m'inquiéter. Je sais que vous ne me laisserez pas tomber.* »

Il est important de savoir que nous ne pouvons vous laisser tomber, mais nous sommes contraints de respecter votre réalité. Dans l'exemple, dont nous parlions au paragraphe précédent, nous comprenions votre fatigue, les désagréments causés par l'ambiance qui régnait dans votre entourage. Toutefois, vous avez toujours eu de la difficulté à obtenir un travail, car vos connaissances sont limitées et vous n'avez pas le courage d'aller suivre un cours d'appoint. Certes, nous sommes enclins à vous aider, mais nous ne pouvons faire apparaître un diplôme ou faire le travail à votre place. Nous pouvons vous donner l'intuition de vous procurer le journal, d'entreprendre un cours, de retourner voir un ami qui vous a déjà proposé une nouvelle orientation, mais il vous appartient de matérialiser ces idées pour réaliser l'ampleur du soutien que nous vous offrons.

Vos croyances, vos peurs, votre attachement et votre confort sont les principaux obstacles à l'écoute de votre intuition. En vous fiant à vos croyances au lieu de votre intuition, vous allez continuer de croire que vous êtes né pour un petit pain. En restant caché derrière vos peurs, vous allez vous acheter la fantastique chaîne stéréophonique au lieu d'acheter le journal pour y trouver la liste des cours de perfectionnement. En demeurant attaché à votre confort, vous resterez confortablement couché le matin au lieu d'étudier pour compléter un atelier de formation qui rehausserait votre curriculum. Certes, vous pensez que vous méritez mieux que ce que vous vivez actuellement et vous dites à vos guides : « *Trouvez-moi un emploi plus près de chez moi, plus agréable, mieux payé.* », mais si vous faites la grasse matinée au lieu d'écouter votre intuition, rien ne changera et vous penserez alors être abandonné.

Regardez ce qui cloche dans votre vie en tenant compte de vos peurs, de vos croyances et de votre attachement au confort. Prenez le temps d'y penser et de prendre des notes. Est-ce votre travail le véritable problème ou la peur ou encore une croyance ? Votre besoin de confort révèle-t-il en fait une peur du changement ? Quel est le travail idéal pour vous et qu'est-ce qui vous empêche de le faire ? Quelles sont les solutions envisageables dans l'immédiat ? Laissez votre intuition vous inspirer les actions à accomplir maintenant. Les observations et le questionnement vous amèneront à entendre votre intuition et à agir de manière concrète en trouvant la meilleure solution pour vous. Ainsi, votre réflexe de pensée magique disparaîtra pour faire place à votre véritable essence. Tout en vous respectant, vous prendrez des mesures pour vous ouvrir à de nouvelles éventualités.

Lorsqu'une expérience donne des résultats positifs, vous êtes porté à vouloir répéter l'expérience et à la généraliser. Alors, la pensée magique vous fait croire que, telle une théorie ou une croyance, vous obtiendrez toujours le même résultat. Sachez qu'aucune théorie ni aucune croyance ne peut être appliquée à toutes vos demandes ! Cela est de l'ordre de l'illusion, car en vous basant sur les expériences passées, vous n'écoutez plus les sensations que vous éprouvez dans le moment présent. Certes, il peut arriver que, dans une circonstance, vous n'ayez pas à vous procurer le journal pour obtenir la référence d'un emploi parfait pour vous, alors qu'à un autre moment, vous aurez le sentiment que le journal s'avère être le meilleur moyen de trouver une information. Ainsi, ce qui reste immuable, c'est votre ressenti. À chaque décision que vous prenez, vous devez être à l'écoute de votre ressenti, lequel peut être très subtil parfois. C'est donc dans la constance de l'observation de votre ressenti que vous découvrirez toutes ses nuances. N'hésitez pas à demander de l'aide pour discerner les caprices de l'ego. Votre propension à la vérité est votre alliée et le lien avec l'intuition.

Nous l'avons vu, la pensée magique n'a rien de logique et elle ne peut surtout pas se transférer à toute sorte de réalités. L'intuition, quant à elle, ne relève pas non plus de la logique, mais elle vous amène dans une voie raisonnée pour votre cheminement. En effet, en observant votre ressenti et en écoutant ce que votre intuition vous pousse à faire, vous découvrirez le dessein logique qui se cachait derrière votre ressenti.

N'oubliez pas que le fonctionnement du plan terrestre est fort différent des plans célestes. Dans nos dimensions, la pensée est création et pourtant elle ne peut dépasser sa propre dimension. Sur Terre, vous avez à reconnaître vos forces et vos faiblesses, à composer avec vos talents et vos limitations. L'objectif est d'être conscient et satisfait de ce que vous avez et de ce que vous n'avez pas, bref, d'être satisfait de votre être tout entier. Peut-être aurez-vous tendance à dire : « *Bien voyons donc, je suis divin, j'ai tous les pouvoirs que je veux ! Pourquoi nous parlez-vous de limitations ?* » Certes, vous avez tous les pouvoirs que vous voulez en tant qu'être divin, mais il importe de savoir que, pour votre incarnation, vous n'aurez que ceux qui vous sont accessibles en fonction des ressources et du potentiel dont vous disposez.

Un potentiel immense à explorer

Chaque jour amène une véritable conquête de vous-même. Remerciez-vous de votre persévérance. Réalisez comme chacune de vos actions, posée consciemment, demande de l'acceptation et du dépassement. Par exemple, mesurez ce qu'il vous en demande de regarder une situation bien en face et de pardonner votre famille pour ce qui s'est produit il y a dix ans ou de questionner votre loyauté envers une ancienne amitié ou une relation amoureuse ou encore de communiquer avec un être que vous avez blessé dans le passé et que vous redoutez encore de rencontrer sur votre route.

Voyez l'impact plus loin que l'impact de vos actions dans votre vie, mais également celui dans votre entourage. Gratifiez-vous de cette grande contribution. Celui qui est aveugle et qui va à l'université pour devenir avocat va certainement œuvrer à la conquête de lui-même au quotidien, mais en plus, il va contribuer, par son courage et sa détermination, à l'avancement de son entourage. Il en est de même pour l'enfant qui doit subir plusieurs opérations. Il ira au bout de lui-même dans cette expérience, mais il deviendra une source d'inspiration pour ses parents. Pensez aussi à celui qui perd son emploi, qui reconnaît ses manques et qui se retrousse immédiatement les manches pour régler la situation et se trouver un autre travail. Il y a également le prisonnier qui a toujours nié son crime et qui, n'en pouvant plus de vivre avec ses mensonges, passe aux aveux. Regardez aussi la contribution du père qui demande pardon à ses enfants de leur avoir fait subir des années d'alcoolisme ou celle de l'étudiant qui reconnaît son manque d'effort à la suite de sa piètre performance lors d'une évaluation au lieu de blâmer l'examen ou le professeur.

Tous ces exemples servent à réaliser l'ampleur de votre pouvoir. Il peut certes servir à croire votre seul point de vue, à vous convaincre qu'il est la vérité et à conquérir votre entourage. Mais, il devient encore plus puissance lorsque vous le mettez au service de la reconnaissance de la Vérité, lorsque vous transcendez votre propre réalité pour aller au-delà de façon consciente afin de vous libérer enfin du mensonge et des demi-vérités.

Et s'il y avait plusieurs sortes d'intuitions ?

Il existe plusieurs sources d'intuition, mais toutes sont affectées par les perturbations émotives de toute sorte que vous vivez. D'autres facteurs viennent aussi affecter l'intuition : le monologue intérieur, les illusions, les croyances auxquelles vous adhérez consciemment ou non, les origines familiales, les valeurs religieuses, économiques, les jugements, les affinités. Il faut donc en être conscient pour mieux comprendre les différentes manifestations de l'intuition. Nous distinguerons différentes sources de l'intuition.

Il y a l'intuition éclair, cette sensation qui semble sortir de nulle part comme lorsque vous tentez de traverser la rue et que, sans aucune logique apparente, vous semble-t-il, vous ressentez qu'il vaut mieux reculer ou prendre votre enfant par le bras afin de l'empêcher d'avancer. Nous disons « semble-t-il », car dans les faits, sans en être totalement conscient, votre cerveau a perçu, par exemple, le son d'une voiture qui roulait vite et, instinctivement, il a identifié et classifié le danger ; cela vous a poussé à agir immédiatement pour éviter les risques.

Il y a l'intuition protectrice, celle qui, littéralement, vous sauve la vie. Vos guides peuvent amplifier un malaise physique, un mal de tête, des crampes, votre cœur qui s'emballe, par exemple, pour vous faire comprendre que vous ne devez pas vous rendre à l'endroit prévu. Ces indications sont là pour vous sauver d'un incident fatal qui arrivera ou se produira seulement en votre présence. Cette forme d'intuition se manifeste plus rarement puisque ce n'est pas tous les jours que votre vie court un réel danger.

Il y a l'intuition émotive qui prend racine dans vos émotions, dans vos comportements répétitifs négatifs, du fait d'un effort redouté, camouflant une certaine prise de responsabilité, par paresse ou par une certaine lâcheté. Nous l'appellerons la fausse intuition parce qu'elle n'est pas basée sur la clarté, sur l'honnêteté, mais sur l'égoïsme d'un changement sans prendre soin de ceux qu'on laisse derrière.

Vous savez, ce n'est pas facile d'admettre ces comportements négatifs répétitifs, mais pourtant, ces émotions cachées causent l'arrogance, le mensonge, le blâme, le manque d'entraide, la trahison, la paresse ou la lâcheté. Cela vous rend lourd dans la matière. Une partie de votre rayonnement se transforme, et ce ne sont plus, pour un bout de temps, les mêmes énergies hautes qui vous secondent. Vous avez changé de palier et descendu quelques marches. Ce n'est pas une punition de l'Univers, c'est le reflet de votre intégrité qui s'ajuste à la nouvelle réalité que vous côtoyez.

Certes, certaines émotions négatives sont plus faciles à admettre que d'autres ; la paresse, par exemple, s'avoue mieux que la lâcheté. Voici ce que nous entendons par lâcheté : c'est d'effectuer un changement d'une façon égoïste qui ne tient compte que de vous et de vos blessures. Le malheur de l'autre, sa détresse ou sa souffrance n'aura aucune incidence sur votre décision. Vous en venez même à croire que vous êtes la pauvre victime de celui ou celle que vous venez de laisser tomber. Plus rien n'a d'importance, pas même le soutien que l'on vous a donné. Une seule chose importe, celle de prouver, de convaincre que votre choix est dû aux comportements de l'autre et que vous n'aviez aucune autre option. Ces façons d'agir sont lâches, car elles ne créent pas d'intégrité ni d'harmonie. Elles ne servent qu'à sauver votre peau. Elles n'ont d'autres buts que de conserver votre statut, votre crédibilité, votre intégrité, vos possessions, la confiance de votre entourage que vous avez réussi à convaincre. Tout cela au détriment de l'autre qui pourrait bien mourir sans que cela ne vous affecte. Voilà certes un exemple extrême pour illustrer jusqu'où peut aller la lâcheté.

La lâcheté existe à tous les niveaux de votre vie, car elle provient des vieilles blessures qui surgissent sous l'angle d'un certain égoïsme. À la longue, vous finissez par croire que le prix de votre souffrance vous permet maintenant d'agir ainsi. Voilà le danger, car le fait de croire que vous le méritez devient fort malsain puisque cela ne relève plus de la reconnaissance, mais de l'obligation ! Ainsi, la lâcheté, c'est de perdre toute gratitude, de prendre pour acquis, de convaincre l'autre toujours à votre avantage, d'entretenir des mensonges ou de se cacher derrière quelqu'un pour se sentir plus fort et redouter que la vérité se sache.

Vous connaissez votre valeur profonde et, même si vous oubliez votre source pour un mois, un an, deux ans, dix ans, vous ne pouvez la fuir totalement. Vous seul pouvez vous pardonner des actes commis dans le passé et vous seul pouvez retrouver la dignité de votre âme. Personne n'a le même cheminement ni les mêmes dépassements à effectuer. Toutefois, c'est un grand pas vers l'autonomie de se faire face avec humilité, de comprendre et d'admettre que l'être humain se donne le droit, dans la matière, de changer d'idées, de ne pas tenir ses promesses, de nier sa parole, de manquer d'intégrité. Mais pour la dignité de votre âme, il est primordial d'accepter tous vos choix émotifs et d'en être responsable. Cela vous permettra d'être à l'écoute et de reconnaître les vraies intuitions des fausses.

L'ombre et la lumière

Dans chaque décision, à chaque demande, vous avez la possibilité de vous dépasser ou de choisir la facilité. Voilà comment la lumière et l'ombre prennent place. Vous pouvez attirer à vous les deux extrêmes. Ainsi, le blanc et le noir ou l'ombre et la lumière entendent et peuvent répondre. Il vous appartient d'apprendre à discerner la provenance de la réponse et d'aiguiller votre senti.

Pourquoi ? Cela vous permet d'apprendre à faire des choix judicieux quant aux attitudes, aux comportements et aux émotions qui se présentent et qui peuvent vous faire perdre votre lucidité si vous les laissez prendre la place. Lors de votre incarnation, vous êtes donc pleinement responsable des choix que vous effectuez et il vous appartient de les faire consciemment pour élever votre niveau d'intégrité.

Certes, dans les moments difficiles vous pourrez vous dire : « *Dans le fond, je ne veux pas faire d'effort. Alors je vais changer d'emploi, de quartier, de carrière, de conjoint. Je ne tiens pas assez à cette amitié.* » Il est si facile de se convaincre soi-même lorsque la confiance en soi n'est pas assez forte ! Croyant que vous ne pouvez y arriver vous-même, vous êtes convaincu qu'ailleurs tout sera plus facile ou que vous n'aurez plus à vous assujettir à personne. Votre ego peut accentuer la colère envers le patron qui n'a pas cru en vous, envers le conjoint qui vous a laissé tomber ou envers l'un de vos frères et sœurs qui n'osent plus vous prêter de l'argent. Mais vous n'êtes point votre ego et la partie de votre être qui est en lien avec votre âme sait que cette colère est une mascarade de l'ego pour éviter le dépassement qui vous est présenté.

En tout temps, vous pouvez ressentir en vous la présence de votre conscience, de votre âme qui vous transmet la vérité. Comment nous direz-vous ? Le contact avec votre âme s'effectue en l'absence d'émotivité, dans cette zone de calme où vous êtes le seul concerné, où il n'y a personne à convaincre. Dans cette zone, vous appréciez le changement proposé et vous aimez la sensation de repartir à neuf qu'il vous procure. De là, il vous est plus facile de reconnaître vos torts et de trouver l'énergie nécessaire pour sortir des vieux carcans qui vous tenaient jusque-là captif.

Faire de tels choix demande donc beaucoup d'efforts. C'est ici que l'intuition peut vous venir en aide. Avant d'arrêter définitivement votre choix, une analyse peut se faire, avec la plus grande sincérité, pour éviter les pièges dans lesquels vous êtes déjà tombé. L'intuition, le senti ou votre petite voix, quel que soit le nom que vous lui donnez, tentera de transpercer la part de résistance en vous, celle qui ne veut pas opter pour le dépassement, qui, une fois accompli, vous apporterait la fierté et une augmentation de votre estime.

Ainsi, les actions, les comportements et les jugements sont adaptés à cette nouvelle réalité où chacun prend sa place tant par ses succès que par ses réels échecs, sans remords mais avec compassion, tout en étant conscient des limitations que l'incarnation impose à chacun d'eux.

Ce sont les actions réalisées dans la matière qui démontrent la prise de conscience. Lorsqu'une prise de conscience a été faite, il vous arrive alors de constater, en observant une autre personne, que vous avez déjà eu de telles réactions ou une telle émotivité par rapport à des critiques, mais qu'aujourd'hui, cela ne vous obsède plus comme avant. Au cours de votre vie, vous profitez donc des prises de conscience qui vous apportent à la fois de la fierté, du respect et une liberté.

Liberté... Nous parlons de liberté parce que, grâce aux prises de conscience que vous faites, vous n'êtes plus prisonnier d'une émotion, de la peur du jugement, de l'orgueil, de tout faire pour être aimé, de plaire jusqu'à s'oublier, d'une réaction de défense qui vous amène à blâmer l'extérieur. Les prises de conscience vous donnent donc une liberté d'être.

Sachez que vous maintenez l'illusion lorsque vous ne voulez pas réfléchir au lieu d'analyser ce qui se passe en vous. Le temps de réflexion, voici un signe qui ne trompe pas ! Votre ego, qui n'est pas à l'aise avec les émotions et l'émotivité, veut passer rapidement à autre chose. Il ne peut tolérer les perturbations émotives et il fera tout en son pouvoir pour en sortir au plus vite que ce soit en achetant quelque chose, en changeant de groupe d'amis, en quittant un emploi ou en dénigrant une situation. Ainsi, pour l'ego, il est plus important de régler la situation à court terme, en faisant fi des conséquences. Soyons claires, le malaise ne se trouve pas dans l'action qui est posée, mais dans le motif qui a incité son accomplissement.

L'intuition, c'est l'équilibre, la gratitude, c'est le sens de la vie. On passe à une autre étape sans détruire ou amplifier le négatif. Elle ne vous conduit pas à l'illusion, elle ne fait pas partie de la pensée magique. L'intuition fait partie de votre conscience, des turbulences émotives à gérer. Elle est saine pour vous et ne vous apporte pas de difficultés plus grandes.

Voici un exemple. Vous convoitez une voiture plus luxueuse, plus rapide que celle que vous possédez à l'heure actuelle. Vous entrez chez le concessionnaire et vous êtes plus qu'emballé, vous êtes conquis. Les pensées se bousculent dans votre tête : « *Cela fait longtemps que tu y penses, que tu la regardes, que tu te vois la conduire. Aujourd'hui, enfin, tu as eu le courage d'entrer et de la conduire. Vas-y, c'est sûrement un signe. D'ailleurs, c'est la seule qui t'a attiré et que tu as essayé. Hier encore, tu as vu trois fois l'annonce à la télévision, cela n'est jamais arrivé auparavant. C'est le temps ! Ne t'en fais pas, ne pense pas à l'argent, pense à l'air que tu auras et au prestige que cela va t'apporter. Tu n'es pas né pour un petit pain !* »

Dans cet exemple, il y a plusieurs éléments à observer. En effet, on y observe la pensée magique. « *Ne pense pas à l'argent... Tu as vu l'annonce trois fois... Pense à l'air que tu auras.* » On y retrouve également la justification. « *Tu n'es pas né pour un petit pain... Cela fait longtemps que tu y penses... Enfin, tu as eu le courage d'entrer et de la conduire...* » L'émotivité comme la pensée magique vous bombardent, ce qui fait qu'il n'y a pas de temps pour penser à la réalité ou aux réelles conséquences ; elles ne vous font miroiter que les avantages afin que vous décidiez le plus rapidement possible.

Nous vous entendons vous dire : « *Mais sur quoi puis-je me baser, expliquez-moi ?* » Lorsque vous faites face à une nouvelle situation qui, bien sûr, vous plaît, il se produit deux phénomènes. L'un qui concerne le passé, l'autre qui concerne le présent. Commençons par exposer celui qui provient du passé. Les manques, les blessures, les difficultés vécues et non pardonnées d'une ancienne relation teintent toutes vos actions et vous demandent de soulager la souffrance qu'elles vous infligent. Ainsi, le désir de combler les manques vous amène à croire, au-delà de tout, que cette nouvelle situation qui arrive saura vous combler pleinement. En réalité, vos failles vous poussent à croire que rien ni personne ne vous ferait jamais subir le même sort, que la souffrance est terminée et que vous pourrez enfin vivre mieux. Vous êtes foncièrement convaincu que cette nouvelle situation est idéale pour panser vos blessures..

Mais comment discerner les émotions du senti ? Lorsque vous regardez le casse-tête de votre vie, si vous voyez seulement les pièces manquantes, vous serez porté à vous concentrer uniquement sur ces pièces et plus rien d'autre n'aura d'intérêt et ainsi toutes les autres parties deviendront sans intérêt parce que le lien qui les unissait n'y est plus et le casse-tête vous semble insensé.

Lorsque vous comparez, vous êtes dans le passé. Vous n'êtes plus en relation avec l'autre ou avec le monde extérieur. Vous êtes à la fois en présence du manque et en attente de ce qui pourrait le combler. Par exemple, vous serez porté à croire qu'une personne qui croise votre route et avec qui vous avez des affinités vous apportera tout ce qu'il vous faut pour être enfin bien. Certes, votre désir mutuel est que la relation fonctionne, mais de votre côté, ce désir provient en fait de cette attente non comblée qui veut croire que c'est enfin votre tour. Cette nouvelle relation vous procurera un certain réconfort pendant un moment, mais sachez qu'elle n'aura jamais pour effet de remplacer la pièce manquante de votre « puzzle ». Tôt ou tard, vous poserez à nouveau votre regard sur l'espace vide et vous constaterez que, pendant tout ce temps, votre regard était simplement intéressé par une autre pièce de ce casse-tête.

L'illusion vous pousse à croire que la pièce manquante se trouve à l'extérieur de vous. Pendant que vous la cherchez par terre et par mer, vous êtes encore une fois distrait et vous reniez votre senti.

Illustrons tout cela à l'aide d'un exemple. Vous prenez conscience que votre dernière relation manquait de passion, de sensualité. Vous aimeriez trouver un nouveau partenaire, mais savez-vous ce qui vous attire chez quelqu'un ? La beauté, son statut social, les sentiments d'être soutenu ou la possibilité de déléguer certaines charges qui vous incombent ? Évidemment, de façon consciente, ce n'est pas tout à fait comme cela que vous choisissez une nouvelle conquête. Vous serez plutôt spontanément, très souvent inconsciemment, attiré par ce qu'elle peut offrir pour combler votre manque. Ainsi, la virilité ou la féminité de cette conquête sera sans doute ce qui retiendra votre attention. Cette nouvelle relation vous fera sentir attirant, important et vous vous estimerez davantage. Tout déboule dans votre tête. Vous commencez à concevoir l'aide ou la contribution que cet être peut apporter dans votre vie et l'autre en fait de même. Un plus un font deux, tout va ensemble. Ce que l'autre ne comblait pas est enfin comblé.

Tout est parfait, c'est la facilité, la complicité, c'est la concrétisation de vos nouveaux rêves et la libération quant aux anciens engagements. Vous êtes écouté. Chacun de vous raconte à l'autre ses déceptions et chacun s'efforce de correspondre aux attentes de l'autre en ne commettant pas les mêmes erreurs qu'il a commises dans le passé et qui l'ont profondément blessé. Chacun se dépasse pour que l'autre ne souffre plus. Chacun est sincère, chacun y met son cœur. Cependant, un jour viendra où l'un ne pourra plus suffire à la demande de l'autre. À ce moment, vous croirez que le naturel est revenu au galop. Plaire à l'autre ne sera plus un incitatif assez fort pour faire ce qu'il ne vous a jamais plu de faire. Les déceptions s'accumuleront à nouveau, car chacun de vous a cherché à répondre aux attentes de l'autre au lieu de combler ses propres manques tout en accueillant l'autre dans ses forces et ses faiblesses. Le charme sera rompu encore une fois.

Mais que se passe-t-il au juste dans cet exemple ? Pouvons-nous affirmer que les deux partenaires sont eux-mêmes ? Pouvons-nous affirmer qu'ils développent une véritable relation ? En comblant les manques de l'autre en toute bonne conscience et en toute sincérité, chacun des partenaires évite de s'engager pleinement dans la relation commune. Mais cette relation, en apparence fort exaltante, n'est qu'une façon de chasser temporairement ou de cacher les fantômes du passé et elle vous garde bien loin de votre ressenti. Sans vous en apercevoir, votre ego vous a maintenu captif de ces fantômes et vous a empêché de vivre l'expression de votre intuition qui cherchait à vous en libérer.

Ce qui nous amène à aborder le deuxième phénomène qui se vit dans la rencontre avec l'autre. Il s'agit du ressenti qui souvent s'avère être plus subtile et donc moins exaltant que le premier phénomène lié au passé. Pourquoi ? Parce que le ressenti se vit dans le moment présent et il se fait plus discret que les fantômes du passé. Lorsque vous êtes dans le ressenti du moment présent, il ne peut y avoir d'éléments de comparaison. Il n'y a que la sensation éprouvée, là, ici et maintenant. Si vous ressentez un attrait pour une personne, vous pouvez éprouver qu'elle est bonne, censée, vous pouvez voir sa maladresse, son insécurité. Mais, durant toutes ces observations, vous serez calme et serein. Vous ne serez pas enivré ni aveuglé par vos manques qui vous incitent à croire que vous avez enfin, en face de vous, la solution à votre bonheur. Dans le moment présent, les fantômes n'ont jamais d'emprise sur vous et ne peuvent réussir à brouiller votre ressenti.

L'intuition (ou le senti) n'a pas besoin de preuves, de convictions ou de justifications. Elle n'accumule pas les informations pour combler les manques de l'autre. Elle n'est pas là par intérêt, pour recevoir, pour prendre, mais elle peut accueillir l'autre dans son être tout entier, c'est-à-dire ce qu'il est et ce qu'il n'est pas.

Grâce à l'intuition, tout changement s'effectue consciemment parce qu'elle procure la sensation que cette nouvelle orientation sera favorable à court, moyen ou long terme. L'intuition vous permet de voir que ce changement est en harmonie avec vous et avec votre entourage (vos proches, votre travail, vos finances, votre communauté, etc.). Elle vous procure un nouveau souffle de vie, un nouvel élan, alors que vos vieux fantômes vous procuraient colère, douleur, empressement, arrogance, faire-valoir, faible estime de vous.

La clé pour accéder à l'intuition est de vous connaître et de vous reconnaître tel que vous êtes. Cela implique naturellement de prendre autant conscience de votre partie d'ombre que de votre partie lumière. Ayez le courage d'admettre votre côté ombre et de demandez humblement de l'aide pour la transformer en lumière, par vos actions quotidiennes. Soyez conscient que les embûches que vous rencontrez sur votre route sont de précieux messagers qui vous parlent. Observez-les, analysez-les et écoutez-les pour en comprendre le sens et vous constaterez que cette règle vaut son pesant d'or.

En consentant consciemment à votre transformation, sachez que tous vos efforts porteront fruits, car ils sont un gage de l'amour que vous vous portez et de votre estime personnelle. De plus, ils vous permettront de sentir notre présence à vos côtés et ainsi vous pourrez constater toute la fierté que nous éprouvons à votre égard. Voilà de bien beaux outils pour développer votre foi et votre confiance.

L'intuition combinée au désir de ne plus vous raconter d'histoires, d'être sincère, vous facilitera la tâche pour relever les nombreux défis que comporte votre vie, lesquels servent à l'évolution de votre âme. Elle vous permettra de voir à temps les pièges que vous concoctez, mais vous y serez projeté. N'ayez crainte, cela ne constitue pas en soi un mauvais jugement de votre part, mais plutôt une autre facette d'une vieille blessure qui demande à sortir de l'ombre. Lorsque vous y serez parvenu, vous ressentirez une joie profonde. Quelle que soit le geste à poser pour vous transformer (laisser aller un être que vous aimerez tendrement lors d'une séparation, d'une maladie ou d'un décès, être honnête envers vous et les autres, être humble, ne pas dénigrer, respecter l'autre, être altruiste, être aimable, etc.), il vous fera inévitablement expérimenter l'amour inconditionnel.

Chapitre 4

Les fausses intuitions

Le refus de voir

L'humain ne veut pas penser aux conséquences de ses gestes et encore moins les voir. Il préfère la facilité, le plaisir du moment, la satisfaction rapide, l'indifférence quant à l'autre, l'insouciance. Cela lui procure l'impression de prendre une pause bien méritée de ses responsabilités. Or, la loi de cause à effet n'est jamais en pause. Pour toute action, il y aura inévitablement une réaction. Dans la matière, si vous oubliez de mettre de l'essence dans votre auto, vous tomberez en panne. Ce n'est pas parce que vous êtes déloyal, mais parce que vous avez perdu de vue la conséquence naturelle qui en découlerait inévitablement tôt ou tard. Il en est de même si, par mégarde, vous ne voyez pas un trou dans la rue et que vous y enfoncez une roue de votre voiture. Le bris qui s'en suit n'a pas été occasionné par la facilité que vous avez à vous saboter, mais simplement parce que vous n'avez pas vu ce trou.

Chaque fois que vous choisissez de nourrir des désirs éphémères, de petits ou grands caprices, sachez que vous êtes en train de vous concocter un piège qui vous donne l'illusion de construire de jours meilleurs, alors qu'en fait, vous alimentez le problème actuel. Nier, blâmer, trahir, diminuer, manquer de persévérance, masquer, mentir, faire croire, garder rancune, ne pourront jamais vous mener à bon port, ni faire naître en vous la grâce, la joie et l'amour. La transformation exige de devenir pleinement responsable de vos actions.

Prenons l'exemple d'une honnête secrétaire qui exerce son métier depuis plusieurs années et qui se sent actuellement dans une impasse. La communication et la complicité avec la propriétaire de l'entreprise se détériorent depuis un moment, à un point tel que l'éloignement des échanges provoque de plus en plus de pudeur, de gêne à exprimer des solutions, lesquelles sont par le fait même de moins en moins considérées. De jour en jour, les jugements et les non-dits creusent le fossé de la communication jusqu'au jour où cette dame en a assez. Une partie d'elle veut se libérer le plus rapidement possible de cette situation, mais refuse ou omet de voir l'effort à fournir pour y arriver. Elle va alors se raccrocher à une partie du passé – le souvenir d'une meilleure communication – qui est certes réelle, mais qui n'inclut pas toute la vérité dans son ensemble et elle se servira de ce souvenir pour se faire croire qu'elle met tout en action pour se transformer, même si dans les faits elle omet bien des détails. Parce qu'elle est honnête la plus part du temps, elle doit se lier à quelque chose de plausible qui reflète un tant soit peu une partie de sa source, si minime soit-elle. Autrement, son intégrité ne pourrait soutenir un tel mensonge bien longtemps.

Cet exemple vous est donné pour illustrer comment l'ego, soutenu par la personnalité, va résoudre une situation difficile en imposant un changement motivé strictement par des faits extérieurs, plutôt qu'en consultant sa voix intérieure. Prenez l'habitude d'écouter votre intuition pour fermer la porte aux manigances et aux tergiversations de l'imagination, car l'ego refuse de voir la vérité et d'entendre les solutions proposées par l'intuition. Développez le réflexe de vous interroger pour savoir si vous êtes en train de vous jouer un vilain tour ou si, dans votre âme et conscience, vous suivez la voie de votre intuition ?

L'âme ne connaît pas la mesquinerie, la méchanceté, l'orgueil qui sont des attributs de la matérialité et qui découlent de votre libre arbitre, de vos choix et de leurs conséquences. Vous détenez, en tout temps, les rênes de votre vie et nul autre que vous n'êtes responsable de ce qui vous arrive, pas même le Divin.

L'imbroglio vient du refus de voir la vérité en face et de ne voir plus loin que le bout de son nez. Pourtant, vous êtes conscient que ce qui a démarré ce bal, c'est ce refus d'aller plus loin dans votre engagement envers vous-même, ce refus de dépasser l'obstacle qui vous a toujours arrêté jusque-là. Les doutes, l'anxiété, la peur de l'échec vous poussent à ne pas confronter votre propre échec. Nous savons qu'il est toujours plus facile de fuir l'obstacle que de le traverser. L'humain dont les besoins ne sont pas comblés va chercher à responsabiliser son entourage et cela a le même effet et ainsi passe comme un couteau dans le beurre fondu la partie qui ne veut, peut ou croit qu'il ne peut continuer ses engagements avec certaines personnes. Les coupures se font souvent déchirantes.

La solution la plus facile, en apparence, sera le changement. Changer pour se sentir transformé, libéré d'un fardeau. Alors, dans ce nouveau travail, vous vous donnez, comme vous le faisiez au début dans votre dernier travail. La nouveauté ravive. Vous êtes soulevé par votre propre énergie qui vous nourrit, faisant oublier votre besoin de reconnaissance si important auparavant. Personne n'a le goût de tout recommencer, même si dans les faits, on ne recommence rien du tout, on ne fait que repartir de plus belle, là où on a laissé. Certes, le changement procure l'illusion qu'il représente enfin la bonne occasion, la bonne carrière, la bonne amitié. Mais au fond de votre être, vous savez très bien que le fardeau qui vous assaille n'est pas votre travail, votre environnement ni votre conjoint, mais plutôt l'appel à un dépassement qui s'avère trop apeurant. Alors, vous choisissez de reporter à plus tard.

Ce que vous refusez de voir, c'est que vous n'avez jamais été placé devant autant de possibilités d'entraide et de dépassement. Votre personnalité vous fait croire que vous êtes seul pour traverser ces expériences. À travers ces lunettes aux verres teintés de solitude, vous vivez colère et frustration. Cette partie de vous, qui n'admet pas la peur, vous tend un énorme piège en vous incitant à ne pas vous remettre en question, car elle permet à votre manque de confiance et à votre anxiété, reflétés dans toutes les accusations que vous proclamez envers autrui, d'alimenter votre sentiment d'impuissance.

Maintenant, considérant tous ces éléments, croyez-vous encore qu'il est préférable de fuir une difficulté ou la dépasser, d'accuser l'autre ou de prendre la responsabilité qui vous revient ? Réfléchissez ! Toute épreuve rencontrée n'est qu'une projection d'une difficulté intérieure qui se manifeste à l'extérieur pour vous aider à la dépasser. Par exemple, nul ne veut réellement la guerre qui sévit dans son pays ! Cependant, qui prend les armes, qui va au front, qui prône la colère ? Cette guerre n'est que le reflet des guerres internes dans ce pays. Or, la plupart des habitants rend le voisin, les dirigeants ennemis ou encore Dieu responsable de cette guerre. Il en est de même pour la personne qui ingurgite constamment des boissons gazeuses malgré le fait qu'elle soit diabétique ou pour celle qui fume sachant qu'il y a des maladies pulmonaires dans sa famille. Est-ce réellement Dieu le grand responsable de tous vos malheurs ?

« Si Dieu existe, pourquoi toutes ces infamies existent-elles ? » nous direz-vous. Simplement parce qu'elles ne relèvent pas de Dieu, mais du fait de l'homme. Vous possédez le libre arbitre et vous pouvez en user à votre guise. Tôt ou tard, vous devrez vivre le retour de toutes les conséquences liées à l'usage de ce privilège. Certes, en fuyant, vous croirez avoir évité les conséquences négatives, mais c'est bien là l'illusion ! Les nouvelles ambiances comme les nouvelles personnes ont plus d'attrait, car elles n'ont pas encore réactivé les vieilles blessures. Toutefois, n'oubliez jamais que l'histoire vous suit, puisque vous en êtes le metteur en scène.

Alors, lorsque vous êtes dans une impasse, que vous vivez une situation difficile et que vous ne savez plus que faire, utilisez l'intuition pour trouver la solution, car cette petite voix en vous est la manifestation pure de votre vérité et de votre sincérité. Cette solution est simple et efficace et évite tous les tourments liés à l'ambivalence et à l'indécision.

Le plus difficile dans l'écoute de l'intuition consiste à se poser des questions, « les bonnes questions » pour entendre votre vérité, votre réalité. Pour poser les bonnes questions, il vous faut être à l'écoute de ce qui se passe en vous, à l'écoute de vos ressentis. Il vous faut être conscient des raisons profondes qui vous motivent à vous les poser. Soyez vigilant pour voir qui pose la question : votre blessure d'enfance ou votre intuition. Puis, soyez conscient de l'objet de vos demandes et soyez conséquent dans les choix que vous ferez par la suite pour éviter des surprises. Sachez que lorsque vous faites une demande à l'Univers, l'Ombre et la Lumière l'entendent et il vous sera présenté la meilleure comme la pire des possibilités. Il est donc d'une grande importance d'aiguiller votre perception de l'Ombre et la Lumière par l'analyse de ces possibilités et par l'exercice de votre vigilance.

Les désirs de l'ego

Les désirs de l'ego sont de fausses intuitions, car la pulsion qui pousse à les réaliser n'existe que pour la satisfaction de l'ego et non pour l'avancement de votre âme. Les fausses intuitions prennent généralement leur source dans la partie de votre être qui résiste aux changements ou aux dépassements. Elles sont aussi appelées intuitions négatives, car elles prennent naissance dans le bassin de l'émotivité qui regroupe des émotions négatives telles que l'entêtement, la colère, la frustration et la haine.

Cette partie humaine qu'est l'ego ressent constamment le besoin de justifier ses choix, particulièrement lorsqu'il est en présence de résistance. Cette justification s'effectue par l'ego interprétant les événements extérieurs qui se présentent au moment d'effectuer un choix particulier. Les événements extérieurs deviennent alors des indices qui viendront soit corroborer le bien fondé d'une action ou encore le réfuter. Toutefois, en vous servant de ces indices, inconsciemment, vous ne cherchez qu'à y retrouver l'interprétation et l'aboutissement de votre désir initial. En effet, votre émotivité alliée à ce désir établira des liens, parfois tortueux, entre divers aspects de la réalité de façon à justifier et à renchérir ce que vous voulez vraiment.

Cette méthode d'interprétation est donc un piège et devient la source des fausses intuitions. Il importe de vous attarder à votre *senti* pour prendre conscience de toutes les facettes de la force de votre ego et de tous les détours qu'il utilise pour arriver à ses fins. Seul votre *senti* peut vous guider dans une direction saine, puisqu'il est l'émetteur utilisé par votre âme pour communiquer avec vous. Or, pour pouvoir entendre les messages en provenance de votre *senti*, il est primordial de donner à l'ego toute la latitude voulue par votre imaginaire. Laissez-le s'exprimer par des pensées, des rêveries, par l'écriture ou par toute forme d'art, afin qu'il puisse vous projeter et vous dévoiler l'ampleur de sa grandeur et de sa folie. Lorsque vous pensez gagner à la loterie, vous pouvez y croire simplement par le pouvoir de votre pensée. Vous arrivez à vous voir et à ressentir le bien-être d'être riche, de donner à ceux que vous aimez. D'une certaine façon, vous vivez l'extase, la facilité de cette possibilité dans votre vie. Pendant cette exaltation où vos pieds ne touchent plus le sol, tout vous semble réel et possible. Une fois tous ses désirs exprimés, votre ego sera satisfait et il laissera le champ libre aux manifestations physiques de votre intuition.

Sachez qu'une fausse intuition vous donne les mêmes ailes qu'une croyance alliée à la pensée magique. Elle vous propulsera dans cette nouvelle réalité où il n'y a pas de négatif, pas de conséquence. Tout y sera parfait. Grâce à votre volonté, votre libre arbitre et votre force de créativité peuvent vous projeter vers ce que vous voulez en faisant disparaître les indices contraires et en accumulant les signes qui correspondent au désir convoité provenant d'un manque de satisfaction de votre vie.

Il ne faut pas oublier que l'interprétation des indices relève de la partie humaine qui a été blessée, diminuée, étouffée et qui veut croire à la possible réalisation du désir. Ainsi, au début, l'ego qui entend satisfaire vos désirs ne vous fera voir que les côtes où vous trouverez votre compte et non ceux qui démontrent qu'il s'agit d'un rêve, d'une folie, d'un choix qui peut entraîner des bouleversements dans votre entourage ou d'un manquement à vos engagements. Par exemple, si vous décidez de joindre une secte, votre ego pourra vous convaincre que *« c'est votre choix, que cela n'entraîne que vous »* et vous ne verrez que cette réalité, alors que, de toute évidence, ce choix entraîne des conséquences sur votre entourage qui ne seront pas prises en compte.

Le recours aux indices peut également servir à cacher une insécurité ou un doute concernant un choix que vous vous apprêtez à faire. Lorsque quelque chose vous chatouille ou vous indique que vous faites fausse route, l'ego part immédiatement à la recherche de signes susceptibles de calmer les angoisses et d'apaiser la conscience. Toutefois, ces indices sans l'éclairage de votre senti sont de fausses intuitions, car elles ne servent pas la voie de votre évolution, mais celle de votre personnalité.

De plus, votre ego vous mène trop souvent sur le chemin de la victimisation, des blâmes, de la colère, de la dépendance, de l'incapacité à surmonter certaines embûches et de l'irresponsabilité. Cela peut vous paraître gros, exagéré, mais réalisez qu'en optant pour la voie de votre ego, vous vous laissez tomber au lieu de croire en vous, d'avoir la foi en l'aide céleste qui vous est apportée et au lieu de vous sentir choyé et aimé.

Il est normal d'avoir peur quand vous empruntez un chemin inconnu. Blâmer ou diminuer votre entourage pendant un court moment ne pourra servir qu'à mesurer l'ampleur de votre peur d'assumer de plus grandes responsabilités. Toutefois, la confiance ne peut s'acquérir qu'en plongeant en vous, qu'en faisant face aux défis. Dissimuler les manques, les peurs est assurément une route sans issue. N'hésitez pas à demander de l'aide à vos guides, car ils vous soutiendront et vous permettront de développer votre humilité et une grande fierté d'être pleinement responsable de vos actes.

L'âme tributaire des choix terrestres

Toute action apportera inévitablement des conséquences. Vous avez tendance à qualifier ces conséquences de bonnes ou de mauvaises, de positives ou de négatives. Nous dirons plutôt qu'elles sont des conséquences naturelles en fonction des choix que vous avez faits. Vous associez malencontreusement ces conséquences à votre liberté d'action comme si vous n'aviez pas réellement le choix, mais lorsque vous prenez conscience que toute action amène sa réaction, vous vous réappropriez votre pouvoir réel de choisir. Illustrons nos propos. Aujourd'hui, vous aimeriez aller à la plage plutôt que réparer un tuyau qui coule. Vous avez évidemment le plein pouvoir de dire «*Je peux réparer ce tuyau quand je le veux. J'ai davantage besoin d'une journée de repos.*» Toutefois, soyez conscient que le choix que vous faites aura nécessairement des conséquences. Dans cet exemple, le dilemme ne se situe pas au niveau de votre liberté ou du respect de vous-même, mais plutôt de votre prise en compte de l'impact de votre décision. Le libre arbitre vous permet de vous évader à la plage, mais au retour, il ne faudra pas condamner Dieu pour le dégât d'eau dans votre demeure.

C'est votre liberté de choisir, mais elle impose d'assumer tout ce qui découle de ce choix. Il vous faut à tout prix éviter de confondre la liberté d'être et la réalité. Ce n'est pas une perte de liberté que d'agir quand c'est approprié et il vous est parfaitement loisible d'en être contrarié. Toutefois, sachez qu'à chaque fois que vous faites consciemment un choix, vous exprimez votre liberté de choisir. Prenez-en réellement conscience et la contrariété éprouvée disparaîtra. Plus le choix est posé de manière consciente, plus les conséquences qui en découleront seront aisément acceptées et moins la sensation d'être obligé se fera sentir.

Lorsque vous êtes conscient de l'ampleur de votre libre arbitre, vous savez que tout ce qui vous arrive sert à votre avancement. Vous savez également que rien n'est contre vous et que les événements n'ont pas pour but de vous punir, mais de vous unir à votre propre pouvoir créateur. Tout est en place dans votre vie pour vous permettre d'exercer ce libre arbitre. Fiez-vous à votre intuition pour l'exercice de ce grand pouvoir de choisir qui vous est offert, car elle est comme un phare qui éclaire votre route.

L'âme est tributaire de vos choix et des conséquences qui en découlent. La décision finale vous revient toujours par l'exercice de votre libre arbitre et cela peut vous paraître lourd à porter. Or, en tout temps, votre être est soutenu par votre âme, par votre ange gardien, par vos guides et par le Divin qui proposent la marche à suivre pour alléger vos choix.

Est-ce que cela vous étonne de voir que nous faisons une distinction entre l'âme et l'être humain que vous êtes ? Cette différenciation est apportée pour vous faire voir la tendance humaine d'être plus souvent en relation avec votre corps et ses besoins et plus près de vos réactions, de vos attirances, de vos impulsions et de vos désirs.

Sachez que nous comprenons bien cette tendance et que nous ne la jugeons pas. L'âme qui s'incarne accepte les effets du voile qui se pose alors sur sa conscience. Pour cette nouvelle incarnation, votre âme a choisi son bagage, ses nouvelles tendances et les apprentissages à effectuer. Elle sait qu'elle peut compter sur les aides invisibles pour accomplir cette nouvelle mission terrestre qui saura la faire croître grâce à toute la gamme d'émotions qui seront vécues dans votre être, mais elle connaît également tous les écueils qui vous attendent. C'est donc en toute connaissance de cause qu'elle accepte de laisser les cordeaux à votre être pendant toute la durée du séjour terrestre.

Pour votre âme, cette délégation de pouvoir n'est pas seulement pour votre bonheur, votre équilibre, mais également parce qu'elle et vous en tirerez profit si vous arrivez à voir au-delà du voile de la conscience.

Les désirs profonds de l'âme

La gratitude, la générosité, l'humilité et la compassion constituent les principaux attributs de l'âme. En cultivant ces qualités vous vous rapprochez assurément des vibrations de votre âme et de la véritable intuition. Il est prévisible qu'au cours de votre vie, quelques choix vous éloigneront probablement de certaines de ces qualités.

L'âme aspire à apprendre comment faire des choix harmonieux à travers la subtilité des émotions. Le réel cadeau de la conscience et du libre arbitre consiste à projeter dans le temps les conséquences d'une décision avant que les dommages et les pertes ne se transposent dans la matière. Apprendre à demander de l'aide lorsque vous avez la lucidité de reconnaître qu'une émotion vous imprègne : voilà le privilège de la conscience et pourquoi l'âme ressent le besoin de s'incarner.

Les prises de conscience et l'analyse de comportements déviants, destructeurs ou capricieux qui ne correspondent pas à la vibration de votre essence divine vous font retrouver vos valeurs profondes et les principes de vie auxquels vous aspirez, telle une marche à suivre pour acquérir un niveau plus subtil de conscience.

Ainsi, le libre arbitre devient la voie privilégiée de votre âme pour affiner sa conscience grâce aux choix faits dans le respect de votre être et de ceux qui vous accompagnent, à la capacité de percevoir des solutions et à en envisager les répercussions pour vous et pour les autres. Toutefois, prenez garde pour ne pas tomber dans les pièges de votre ego qui peut vous faire miroiter une voie fort tentante, mais très éloignée de la voix de votre intuition. Par exemple, votre ego peut vous convaincre qu'une action pour aider autrui vous rendra meilleur et qu'elle est le reflet de la générosité de votre âme, alors qu'en fait, cette action ne sert qu'à combler votre besoin d'être heureux.

Alors, il devient primordial de vous poser les questions suivantes : « Est-ce réellement un acte altruiste ou un désir égoïste ?

Est-ce que mon intérêt est davantage servi que celui de l'autre? Est-ce que nous serons tous les deux heureux ou serai-je seul à l'être ? » Pour demeurer en contact avec votre intuition, vous devez donc comprendre comment votre ego vous passe en douce des intuitions douteuses.

La partie rebelle se nourrit des fausses intuitions

Les prises de conscience que votre âme vous inspire servent à modifier des attitudes et des comportements qui vous éloignent de votre réel potentiel et qui empêchent le dépassement souhaité par votre âme.

En devenant pleinement responsable de vos actions, de vos pensées et de vos décisions, vous collaborez à votre cheminement qui ne peut s'épanouir que par la voie du cœur et de l'âme. Le chemin de l'intuition conduit vers l'évolution et non vers la destruction. Il peut certes y avoir apparence de destruction, mais le dessein qui se cache derrière elle, est toujours axé vers l'édification. Ne vous laissez pas berner par l'apparence des choses et des événements et voyez plutôt ce qu'ils peuvent vous apprendre.

C'est grâce à votre intégrité que vous pourrez déceler rapidement l'indifférence et l'émotivité qui généralement vous éloignent de votre cheminement. Fuir, trahir votre source positive et votre idéal d'être, vous mène vers un chemin sans issue. Devant une telle impasse, posez-vous les questions suivantes : « *Qu'est-ce qui m'a conduit à cette difficulté ? Pourquoi est-ce que je vis autant d'émotions ? Suis-je en colère contre moi ? Mes blâmes cachent-ils autre chose ? Ai-je de la difficulté à admettre que je fais fausse route ? Suis-je capable d'accepter qu'on me prenne en défaut ? Quelle est ma réaction habituelle par rapport à la critique ? Quel problème revient périodiquement dans ma vie ? Ai-je peur de sortir des sentiers battus ? Est-ce que je refais toujours les mêmes choix menant aux mêmes résultats ? Comment se fait-il que je puisse retrouver, pour un court instant, une force herculéenne puis ensuite basculer dans l'inertie ? Est-ce que j'essaie de me convaincre que mes choix sont différents, alors qu'au fond ils ne le sont pas ?* »

Examinez bien vos réponses, car elles vous permettent de découvrir à quel niveau réside la véritable blessure ou la véritable déception qui maintient ce cercle vicieux. De plus, elles vous indiquent quels comportements vous auriez avantage à modifier. Ces réponses vous permettront également de mesurer l'impact de vos croyances et de comprendre comment elles vous incitent à changer le contexte de votre vie. Évidemment, cet exercice vous demande de faire preuve d'une grande humilité. En notant vos réponses, il peut vous arriver de mentir un peu ou d'exagérer un tant soit peu les faits, mais qu'à cela ne tienne, il est de loin préférable de le faire dans le contexte de l'exercice que dans la réalité où les conséquences naissent. Voilà l'avantage de développer la conscience de l'intuition, car elle permet de prévoir les conséquences négatives d'un choix avant d'avoir à les vivre. C'est une protection contre votre ego.

La véritable intuition engendre une certitude intérieure. Elle ne s'appuie pas sur des interprétations ou des événements extérieurs. Elle n'a nul besoin de se justifier. Vous ressentez avec une totale quiétude que vous êtes sur la bonne voie. Choisir la voie de l'âme, c'est adopter le chemin de la sincérité. L'intuition propose des scénarios qui s'avèrent toujours en harmonie avec l'âme, bien qu'elle sache que c'est votre être qui disposera de cette intuition.

L'être humain peut se faire croire tout ce qu'il veut, y compris que nous l'avons laissé tomber. Réalisez l'ampleur de ce pouvoir qui vous est confié, soit celui de décider de toute chose dans votre vie. À la suite d'une décision, observez votre ressenti, car c'est grâce à ce dernier que vous pourrez évaluer cette décision. Le résultat obtenu marié à votre ressenti vous indique quelle influence pèse le plus lourd dans la balance : celle de l'être ou celle de la partie ombre, rebelle ou d'illusion.

Ce cadeau merveilleux qu'est le libre arbitre est à la fois merveilleux et terrifiant puisqu'il vous faut constamment jongler avec deux choix : vous accomplir en tant qu'être et en goûter la joie et la sérénité profondes que cet accomplissement procure ou vous éloigner de votre épanouissement et vivre l'angoisse de l'incertitude. En tout temps, vous avez le choix.

Les aides célestes sont au service de la vérité, de votre vérité d'âme. Nous sommes donc au service de votre vérité, quelle que soit votre vie, vos croyances, vos talents, lors de chacune de vos incarnations. Sachez cependant que nous ne pouvons nous rendre à des plans dont la vibration est inférieure à la nôtre et qu'il en est de même pour tous les habitants des plans célestes. Certes, nous sommes là pour vous aider, mais sachez que les suggestions qui sont soufflées à votre oreille ne proviennent pas toutes d'une vibration élevée. Certaines entités, prises entre deux plans, pourront également chercher à vous influencer, car ainsi, elles se nourriront de vos émotions négatives. Toutefois, leurs suggestions ne vous mènent jamais vers l'avancement. Au contraire, elles auront plutôt pour but de vous garder le plus longtemps possible dans votre émotivité.

Le libre arbitre fait en sorte qu'il n'y a pas de victime puisque chacun a le choix de servir ou non ses intérêts supérieurs. Une forte personnalité peut certainement vous tendre un piège. Le but de l'âme est d'apprendre à déjouer, en tout temps, les émotions et les comportements qui sont nourris des sphères douteuses, lesquels ne sont que le reflet de vos perturbations.

Commencez dès aujourd'hui à prendre votre intuition au sérieux. Voyez le sérieux de votre âme ! L'être le plus important au sein de votre incarnation, c'est vous. L'aventure terrestre vise à développer le discernement à travers des choix éclairés et à évoluer avec respect et liberté. Pour ce faire, il importe d'écouter la voix de votre âme pour diriger les cordeaux de votre incarnation.

Discerner les fausses intuitions

Dans chaque être, il existe une partie qui désire remettre l'effort à plus tard, qui préfère ne pas y penser, qui refuse de se compliquer la vie ou de se remettre en question. Lorsqu'une de ces parties s'active, elle ouvre toute grande la porte aux fausses intuitions et aux tentatives de sabotage. Vous êtes appelé à trouver le courage et la volonté de discerner les fausses intuitions en vous questionnant sans cesse sur vos réelles motivations pour voir si elles correspondent à vos valeurs profondes et à votre intégrité.

L'âme a besoin d'expérimenter les fausses intuitions afin d'aiguiser son discernement. Plus vous prendrez l'habitude d'agir avec intégrité et plus vous serez en mesure de déceler rapidement les dérogations à votre vérité intérieure. En faisant appel à votre intuition, en posant des questions, vous aiderez à démêler les pensées, les émotions et le but derrière toute action. Si vous avez de la difficulté à discerner vos ressentis, vous pouvez demander à vos guides d'accentuer les sensations d'inconfort qui sont en contradiction avec votre intégrité de manière à vous démontrer encore plus clairement où vous faites fausse route.

L'énergie de la source divine fait preuve de la plus grande logique qu'on puisse rencontrer ou imaginer. C'est pourquoi nous vous encourageons à faire preuve de logique à l'intérieur de votre propre vie. Il ne faut pas céder le précieux libre arbitre à des imposteurs se présentant sous forme d'orgueil, de prestige, de gloire éphémère, de désir d'avoir raison, de manque de courage, de fuite, d'égocentrisme ou de réussite facile.

Il est grandement souhaitable de vous interroger sans cesse pour savoir si une décision correspond à vos attentes profondes et si elle respecte véritablement vos valeurs ? Vous sentez-vous parfaitement à l'aise avec cette décision ? N'embellit-elle pas plutôt la réalité comme vous souhaitez ? Faites-vous subir à quelqu'un des actes que vous n'auriez jamais cru être capable de poser ? De la façon dont vous réglez ces problèmes, aurez-vous honte ou serez-vous fier de vous à court terme, moyen terme et long terme ? Voilà quelques exemples de questions que vous pouvez vous poser avant d'écouter une voie intérieure qui vous parle. En y répondant avec la plus grande intégrité, vous respecterez davantage les aspirations de votre âme.

L'ego et la personnalité (la partie plus égoïste, celle qui provient de l'ombre) soumettent des scénarios qui correspondent en tous points aux comportements que vous désirez modifier ou expérimenter durant l'incarnation, tout comme l'âme. Toutefois, le but de l'âme est de vous conduire en toute conscience vers la Lumière, alors que l'ego et la personnalité désirent vous maintenir près des énergies de l'Ombre.

Vous êtes donc appelé à discerner les indices, les besoins d'approbation et les astuces de camouflage utilisés par l'ego et la personnalité pour masquer les messages provenant du senti. Devenir conscient de leurs manigances, ne pas accorder une confiance aveugle à des interprétations toutes faites qui surgissent de nulle part, reconnaître les motifs qui vous font flancher sont autant d'atouts pour vous garder bien ancré dans vos choix. Sachant cela, vous ferez preuve d'un grand sens critique en écoutant le plus attentivement possible la voix de votre conscience et de votre accomplissement.

Sachez également qu'en suivant la voix de votre divinité, vous vous créez des karmas positifs pour d'autres incarnations. La leçon étant intégrée, vous n'aurez plus à revenir expérimenter les conséquences négatives rattachées aux actions posées dans cette vie. Ainsi, vous serez fier de vous et de vos choix. La sincérité et l'intégrité embellissent une vie à coup sûr. Être pleinement conscient vous offre une analyse de la vérité et c'est un cadeau d'une valeur inestimable.

Lorsque vous désirez obtenir une chose en particulier, il serait toujours préférable d'essayer de repérer quelle raison nourrit cette demande. Voulez-vous obtenir une faveur pour combler un besoin de sécurité ? Est-ce par manque de foi ou de courage ou encore par peur que vous demandez une preuve ? Faites-vous preuve d'entêtement ? Acceptez-vous que l'on n'adhère pas votre idée ? Voulez-vous obtenir quelque chose à tout prix seulement parce que vous avez décidé qu'il en serait ainsi ?

L'analyse constitue le contrepoids à la réelle puissance de votre être, car elle permet de démasquer les fausses intuitions. Lorsque vous désirez ardemment obtenir quelque chose, cette partie de vous en convoitise a le pouvoir de repérer des indices et de les associer aux circonstances en inventant un lien destiné uniquement à satisfaire l'objet de son désir. Nous vous invitons à vous montrer vigilant lorsque viendra le temps d'interpréter ce qui vous apparaît être un indice. En demandant de l'aide, vous prenez une distance avec votre désir et cela vous permet d'écouter, de prêter l'oreille à une autre possibilité à laquelle vous n'aviez pas pensé, mais que votre intuition percevait. Votre demande crée un espace où vous laissez passer autre chose que vos pensées.

Demandez à vos proches, permettez-leur de vous dire ce qu'ils en pensent sincèrement, de manière à mieux décoder les indices que vous semblez percevoir. Apprenez à débusquer les fausses intuitions. Assurez-vous que ce que vous convoitez sera bénéfique à court, moyen et long terme. Observez bien votre vie et voyez si la situation qui vous préoccupe ne comporte pas un air de déjà-vu.

Nous avons besoin de votre pleine collaboration afin de concrétiser les choix qui sont en parfait accord avec votre mission ou valeur de vie. Vous serez envahi d'un profond bien-être lorsque vos efforts donneront naissance à un accomplissement à la mesure de votre plein potentiel.

C'est le cadeau de la conscience et la grâce qui vous attend lorsque vous suivez le chemin de leur vérité. C'est ce que vous, les êtres humains, appelez à juste titre, « *la voie du cœur* ».

Chapitre 5

Accentuer l'intuition

Le choix des actes

Vous avez le choix de prendre la responsabilité de vos actions ou dans une ultime détresse vous révolter, vous autodétruire, ne pas vous en soucier. Évidemment, vous pouvez adopter différentes attitudes quant aux évènements de votre vie. Il vous est donc loisible de vivre les différentes façons inconscientes de vous victimiser qui, parfois, sont nécessaires pour amorcer un changement profond. Le chemin de la prise de conscience est intime, chacun en possède le secret unique.

Un enfant ne restera pas un enfant toute sa vie. Le changement est inévitable. Il en va de même pour vous. Vous expérimentez des circonstances qui vont vous amener à dépasser des jugements de toutes sortes. Ces jugements sont en vous, parfois ils sont réels. Le jugement devient une constatation et parfois il fait partie de la peur d'être, du doute, du manque de confiance. Pour éviter à nouveau la souffrance qu'amènent ces jugements, il faut saisir leur ampleur pour ensuite acquérir souplesse et équilibre.

La prise de conscience de vos dépassements et de vos apprentissages reflète tout simplement vos forces et vos faiblesses. Il importe donc de reconnaître ce qui vous rend profondément heureux, les ambiances émotives qui peuvent blesser, les projections de vous-même qui vous placent au-dessus ou en dessous de l'autre. Soyez confiant en votre capacité à trouver la solution à toute difficulté et envers ceux qui vous accompagnent tant sur le plan terrestre que sur le plan céleste. Avec une telle foi en vous, les aléas de la vie quotidienne prendront un tout autre sens.

Lorsque vous vous liez à la conscience de votre âme, un nouveau degré de compréhension où la compassion et le non-jugement occupent une place de choix s'ouvre à vous. Ainsi, vous ne cherchez plus à imposer un cheminement à l'autre et vous acceptez plus facilement qu'il avance à son gré.

Sachez que tout cheminement est unique et qu'il est pratiquement impossible d'en faire un dogme applicable à bon escient, car votre voix intérieure est le reflet de votre âme qui souhaite atteindre l'harmonie. Puisque chaque âme est unique, le cheminement de chacune d'elle sera donc unique.

N'oubliez jamais que l'extérieur est le reflet de l'intérieur, alors si vos proches continuent à vivre des difficultés, ces dernières ne sont que le reflet d'eux-mêmes qui demandent sans doute un regard plus attentif et que l'âme souhaite changer. Imposer vos choix de vie et ne pas voir la souffrance que cela amène à l'autre est un manque de respect.

Nul ne peut obliger une prise de conscience et le fait de forcer un individu à comprendre un point de vue augmente souvent la rébellion. L'intuition s'ajuste au degré de conscience présent. Ainsi, elle transmet régulièrement des pensées ou des inspirations par votre entourage, afin d'ouvrir de nouvelles voies, jusqu'à ce que la compréhension désirée soit atteinte.

Il n'est pas facile de voir un proche souffrir ni de se sentir impuissant à lui faire prendre conscience des émotions, attitudes ou comportements qui génèrent cette souffrance. Chacun comprend à sa manière et en son temps. Chacun évolue à son propre rythme. C'est ça, l'amour inconditionnel.

L'écoute de la vérité

L'harmonie du corps et de l'esprit (la pensée) se veut le complément et l'aboutissement des différents choix, croyances, gestes d'entraide ou d'abandon que vous entretenez à propos de l'univers dans lequel vous choisissez d'évoluer. Le cheminement et l'accomplissement passent obligatoirement par l'exploration de diverses croyances, ceci ayant pour but de vous rapprocher de votre propre vérité qui est en fait votre réalité de vie.

La vérité en elle-même n'est pas une croyance. Elle *est*, un point c'est tout. Cette vérité est différente pour chacun suivant le chemin d'évolution que vous avez parcouru avec la volonté d'harmonie et d'intégrité qui est vôtre. Pour manifester une nouvelle vérité d'être et un changement profond en vous, vous devez vivre votre vérité en toute sincérité et vous devez être à l'écoute de votre senti, étroitement lié à votre intuition libérée d'émotivité, de jugements.

La recherche de la vérité constitue en réalité l'écoute de l'intuition, laquelle n'est pas un don, mais une capacité d'introspection qui vous amène généralement à explorer de nouvelles perspectives et à vous ouvrir à de nouvelles idées. Le champ de votre conscience s'élargit quand vous questionnez l'émotion qui vous anime. L'analyse des évènements est cruciale. Plus elle fait passer le flux d'émotions à une compréhension logique des faits, plus les émotions et les pensées chaotiques de l'esprit se transforment en vérité de l'être. Il ne s'agit pas ici d'un apaisement temporaire de l'ego, mais plutôt de l'effet que produit cette analyse en répartissant et en classant chronologiquement tout ce qui a mené aux conflits, aux jugements qui se sont accumulés de part et d'autre.

La recherche de vérité et d'authenticité permet le raffinement de l'écoute et elle accentue votre sentiment de liberté, car le mensonge, même celui qui provient de l'inconscience profonde, ne peut procurer la paix intérieure. Votre origine divine ne vous permet pas de nier la vérité ni la base réelle de vos agissements. Même si le doute, le manque de fierté, l'entêtement, l'orgueil, les croyances occultées qui mènent à la fuite, le manque de courage, les accusations tortueuses ou l'irresponsabilité sont bien enfouis au creux de votre personnalité, votre source ne peut approuver les agissements qui vont à l'encontre de la vérité. Le résultat extérieur importe peu s'il n'est qu'illusion générée par le mensonge. Votre âme n'est jamais dupe des supercheries de votre ego. Par exemple, vous pouvez choisir d'accepter un poste qui vous est offert en étant persuadé d'avoir changé pour des raisons d'avancement et de croissance personnelle. Cela vous fait croire que vous êtes dans la vérité et que vous comprenez tous les motifs de ce changement, mais vous oubliez volontairement que cette possibilité d'être est bâtie sur la peur de poursuivre vos premiers engagements.

La pureté de votre être ne peut se construire sur des bases de mensonge ou de destruction. Certes, vous pouvez vous créer et vivre dans une autre réalité, vous pouvez même être ébloui par votre force, par votre enthousiasme retrouvé qui vous donne la sensation de bien-être tant recherché. Cependant, cette construction purement mentale mène inévitablement à une période de déséquilibre et, au lieu d'y voir là un mal-être, vous attribuerez la situation à n'importe quelle cause qui cache un malaise. Sachez que tout malaise parle d'abord et avant tout de la distance qui vous sépare de votre pureté. Vous vous éloignez d'elle en donnant les cordeaux à votre ego et vous cherchez à combler le vide de l'absence de l'âme par les événements extérieurs qui vous amènent déceptions et frustrations et cela vous fait perdre confiance en vous et en la vie.

Dans ce cercle vicieux qui ne vous conduit nulle part, vous vous sentez honteux et impuissant. La honte inavouée conduit vers l'autodestruction parce que, vous sentant indigne, vous vous infligerez les pires infamies, croyant ne mériter que cela. Pour sortir de ce cercle vicieux, il faut d'abord vous pardonner pour tout ce que vous pensez être honteux en vous. Ensuite, ayez foi en votre essence divine. Laissez votre cœur vous faire ressentir que tout ira bien. Votre appréciation personnelle doit être bâtie avec fierté, authenticité, volonté, courage, harmonie et vérité.

La fierté ne se trouve nullement dans l'assurance que provoque l'orgueil ou l'arrogance, laquelle est bien éphémère et ne peut remplacer un sentiment de droiture. Pour se réajuster et atteindre une vue d'ensemble de votre réalisation, la félicité d'avoir agi en toute harmonie et de n'avoir nui à personne vous procurent les fondations de votre accomplissement. Ces fondations, vous vous les donnez de par votre intégrité. Et votre intégrité, c'est votre être, votre âme. Si vous n'arrivez pas à visualiser cette vue d'ensemble, il persiste inconsciemment un sabotage sachant que vous avez blessé, détruit et construit sur de fausses présomptions. La vérité, c'est que vous ne pouvez vous mentir que ce soit à une petite ou grande échelle.

L'habitude d'affronter ce qui vous anime est la clé de l'intuition puisque à ce moment-là vous réajustez votre perception. Cette perception est non seulement la source de votre senti, mais également le lien avec vos guides qui agissent grâce à votre intuition. L'humilité et la prise de conscience ne demandent que très peu d'efforts à l'être comparativement aux péripéties ingénieuses des blâmes, aux mensonges répétitifs, aux accusations et aux humiliations lancées à vous-même ou à ceux qui vous entourent. L'énergie qu'il faut pour fuir de soi-même donne le mal à l'âme, le mal au cœur et n'équivaut en rien à la libération de votre vérité d'être.

La gestion des émotions, source de bien-être

Le bien-être, c'est l'expression de la divinité en soi. Il peut aussi être défini par un état de communion entre l'être et l'âme qui n'est affecté par aucun événement extérieur. L'âme aspire à cet état de communion constante, mais au cours de votre cheminement, la durée de cet état sera variable. Dans les moments de grande fragilité émotionnelle, le bien-être sera souvent de très courte durée, voire totalement absent parfois. Par exemple, lorsque cette communion d'être et d'âme est présente, la rencontre d'une personne de mauvaise humeur n'a aucune influence sur le bien-être ressenti, mais si l'émotivité est à fleur de peau, cette seule rencontre peut suffire à rompre la communion, donnant les rênes à l'ego qui réagira alors selon sa programmation habituelle : explosion, colère, jugement, frustration, etc. Le bien-être parti, les malaises arrivent !

Il est normal que vous expérimentiez diverses conditions pouvant temporairement influencer votre humeur et votre capacité à réagir sainement à une situation. Certaines conditions humaines exigent parfois davantage de vigilance. Faire appel à une prière, à un ami, pourra s'avérer d'un grand secours lorsque vous désirez garder votre calme et prendre un peu de recul par rapport à une situation qui vous perturbe plus qu'à l'accoutumée. Une sieste, la lecture d'un livre, un massage, un bain, pourront également se montrer efficaces. L'époque actuelle donne accès à une multitude de possibilités toutes aussi intéressantes les unes que les autres.

Il est souhaitable d'apprendre à vous concentrer sur vos propres attitudes intérieures, laissant ainsi aux êtres qui vous entourent la responsabilité de leurs propres réactions. Ne pas tout prendre sur vos épaules dans une empathie trop grande fait aussi partie d'une saine gestion de vos émotions.

Lorsque vous êtes en harmonie avec vous, il n'y a pas d'émotion à gérer et la vie devient plus simple. L'intuition représente la voie de la conscience qui gère, comprend le déclenchement des émotions contrôlant la vitesse pour atteindre la sagesse. Connaître vos faiblesses, dont vous ne devez pas avoir honte, devient un atout, car ces dernières sont les ailes qui vous mènent vers la paix intérieure. L'équilibre des mouvements émotifs combiné à l'écoute de l'intuition est la voie de l'harmonie, de ce que votre cœur désire et de ce qui correspond aux aspirations de votre âme.

En étant en lien avec vous-même, avec votre intuition, qui est aussi la voix de tous ceux qui vous guident, vous permettez la réception des impulsions qui rendent vos paroles, vos gestes et vos actions conformes à votre réelle intention d'harmonie. À titre d'exemple, votre intuition vous aidera à ressentir et même à amplifier une émotion négative envers une personne. L'intuition représente également cette petite voix qui dit « NON » lors d'arguments qui peuvent blesser lorsque l'ego prend la place. C'est aussi la petite voix qui dit « OUI » lorsque l'être a besoin d'encouragement pour exposer une idée nouvelle ou solliciter une entrevue. En faisant un bilan du cheminement d'une relation, il vous est sûrement arrivé de vous dire « *une chance que je n'ai pas dit ce que je pensais, que j'ai écouté l'impulsion de me taire, sinon je ne réaliserais pas ce rêve que je caresse depuis longtemps.* »

Lorsque vous sortez victorieux d'un conflit où vous avez contrôlé des émotions à caractère négatif, vous ressentez profondément la paix intérieure et la fierté parce que le négatif n'a pas réussi à vous rendre confus ou à vous perturber. Vous pouvez certes éprouver des doutes au moment de poser un geste puisqu'une part de vous entrevoit la fausseté et l'embarras de ce geste. Mais sachez que tout ceci se produit pour que vous appreniez à gérer vos émotions, en fonction des prises de conscience que vous voulez atteindre. Les doutes vous amènent vers l'analyse et l'intériorisation afin de mieux comprendre votre état d'émotivité et ainsi apprendre à la gérer de manière à vous procurer de plus en plus de bien-être.

Parfois, cela fait du bien de croire que ce sont les membres de l'entourage qui doivent changer parce qu'ils ont tort. Cette croyance aide à se défouler momentanément en dirigeant cette hostilité vers l'entourage, mais elle n'apporte habituellement qu'un soulagement d'une fraction de seconde. Les émotions négatives font partie de la vie et personne n'y échappe. Il faut seulement apprendre à bien les gérer pour qu'elles deviennent des outils de croissance et non des causes des mal-être. Afin de mieux choisir quelle sera la meilleure action à accomplir avant d'agir sous l'impulsivité émotive, posez-vous la question suivante : « *Quel comportement m'apportera la plus grande satisfaction à long terme ?* »

Les émotions perturbatrices ne s'effacent pas simplement en claquant des doigts. Certaines pensées négatives régulièrement entretenues viennent exacerber l'état d'émotivité et elles font déborder la marmite lorsqu'une situation plus délicate se présente. Ces émotions restent imprégnées longtemps, même très longtemps. Lorsque la pensée se plaît à générer toutes sortes de scénarios à connotation négative, tous plus insidieux les uns que les autres, l'émotion perturbatrice s'enracine et contamine le bien-être intérieur de votre être. Ces émotions ne sont pas source de paix. Au contraire, elles donnent souvent lieu à un combat des plus vindicatifs.

Supposons que vous côtoyez une personne ayant tendance à critiquer constamment et que cette fâcheuse habitude vous atteint énormément. Plutôt que de perdre votre calme et de lui lancer des injures, vous pourriez mentalement prendre vos distances et analyser pourquoi les critiques vous touchent tant.

Apprendre à relativiser les propos, reconnaître la peur et l'insécurité qui motivent un être à critiquer abondamment, prendre conscience de votre propre insécurité ou constater la difficulté à vous remettre en question constituent autant de façons de vous libérer du pouvoir que tentent d'exercer certains êtres par le biais de leurs critiques incessantes. Dissociez-vous de l'émotivité que dégage la personne critique, et ne la prenez pas pour vous. Lorsqu'un être critique abondamment, imaginez la teneur de son désarroi. Il n'y a pas d'espoir, pas de relâche. Une pensée n'attend pas l'autre, toutes sont aussi destructrices les unes que les autres. Un mal-être, de l'angoisse, de la méfiance, c'est tout cela que vous ressentez en sa présence, les paroles ne sont que la pointe de l'iceberg.

Les émotions négatives vous emprisonnent et vous mènent droit vers votre noirceur où abondent les intuitions négatives. N'oubliez pas que toutes les intuitions émanent de vous, elles sont le reflet de votre intégrité. Vos émotions, quant à elles, ne peuvent que vibrer au diapason de ce que vous dégagez. Vous êtes l'arc, vos émotions sont la flèche qui pointe dans l'ambiance émotive qui vous anime. Voilà pourquoi toutes les réponses auxquelles vous aspirez vous sont disponibles. Si vous observez attentivement, vous verrez que les réponses dites « intuitives » représentent vos états d'âme, parfois vos croyances. C'est le résultat escompté.

En conséquence, il est souhaitable d'acquérir une meilleure compréhension des différents facteurs susceptibles de déclencher les hostilités comme vos désirs trop intenses ou vos attachements. Plus vous avancez sur le chemin de la conscience, plus vous devenez immédiatement la conséquence et l'aboutissement de vos choix. Votre destinée est faite de vos choix. En acquérant la discipline de percevoir une décision à court, moyen ou long terme, vous aurez l'impression non pas de subir, mais de coécrire votre vie avec vos alliés des Cieux et de la Terre.

Tout être a intérêt à comprendre comment il en arrive à s'emprisonner lui-même dans un cercle vicieux de pensées négatives lorsqu'il dénigre ou qu'il en veut à quelqu'un ou encore lorsqu'il désire changer l'autre ou l'humilier.

Pourquoi ces formes de pensée destructrice subsistent-elles dans votre univers ? Quelle blessure si profonde vous fait oublier votre propre souffrance en tentant de la faire vivre à l'autre, vous laissant croire que cela vous libèrera ? Prenons comme exemple un être qui a tendance à jeter le blâme sur autrui. Sa façon d'exercer son pouvoir consiste généralement à attirer un autre être sur le champ de bataille qu'il a lui-même choisi en le rendant responsable d'une situation désagréable ou d'une injustice. Recevoir de la part de l'être blâmé une réplique motivée par une émotion négative constitue sa plus belle récompense. Il obtient ainsi la preuve qu'il a touché la cible en plein cœur.

Relativement au blâme ou à la critique, vous pouvez choisir de répliquer ou de quitter l'endroit sans dire un mot, ce qui laisse souvent l'autre pantois. L'étape suivante consiste alors à comprendre comment vous participez à l'engrenage des émotions négatives et comment les pensées inconscientes nourrissent des situations malsaines. Dans une réplique bien placée, l'ego vit un moment de gloire si, dans votre pensée, vous continuez le combat.

C'est précisément ici qu'entre en scène votre intention d'harmonie afin de casser le moule de la victoire et de l'entêtement. Cette intention vous amène à écouter des messages, des images et des suggestions susceptibles de rétablir l'équilibre et l'harmonie. L'harmonie doit être choisie pour vous en premier lieu, et non par dépit ou parce qu'on vous a dit que cela était mieux. Une soirée à ressasser une conversation blessante ou vous trouver de plus en plus d'arguments percutants en est une perdue dans les couloirs de votre tête.

Les efforts à faire pour atteindre l'harmonie

Il est irréaliste de croire que vous ne ressentirez plus jamais la colère, l'envie ou la jalousie. Cependant, il est tout à fait réaliste d'envisager de diminuer l'alimentation des pensées négatives passagères en choisissant de conserver une paix intérieure. À la longue, les émotions perturbatrices détruisent le sentiment de bien-être. C'est exactement pour cet objectif très honorable que vous direz non à la cacophonie de vos pensées ; vous en valez la peine. Nous vous encourageons à vous montrer indulgent avec vous-même. Faire preuve de compassion envers vous, avoir de la tolérance, ne signifie pas subir ou vous soumettre, mais plutôt faire preuve de non-jugement et ne pas nourrir les émotions qui donnent lieu à un déséquilibre.

Qui peut dire : « *Je n'ai pas jugé, je n'ai diminué personne, je n'ai jamais abusé de qui que ce soit, je n'ai jamais fait de choix destructeurs, je n'ai jamais menti, je n'ai jamais accusé quelqu'un à tort, je n'ai jamais été arrogant, je n'ai jamais parlé dans le dos de quelqu'un, je n'ai jamais blessé personne.* » ? Tous les êtres humains jonglent avec les pensées ou émotions perturbatrices, mais le plus important est d'apprendre à composer avec elles et de cesser de les nier pour bien les gérer.

Une rancune tenace, par exemple, peut vous amener à poser des gestes ou à prononcer des paroles sous le coup de l'émotion, paroles que votre conscience et votre intégrité auront de la difficulté à accepter par la suite. Seule une intention sincère renverse éventuellement le barrage des actions, émotions et réactions négatives. Ne pas vous laisser aller à réagir sous le coup d'une émotion en critiquant, en ruminant ou en accusant la source d'un inconfort passager demande une bonne maîtrise de soi. Peut-être êtes-vous de ceux qui ont la fâcheuse habitude de se comparer désavantageusement à leur entourage pour ensuite être critiqué injustement plutôt que compris. Ce comportement de vous dévaloriser à tort vous mène à des marasmes intérieurs que vous ne méritez pas et vous propulse dans des pensées nébuleuses qui vous détruisent. Par contre, évaluer vos forces et vos limites n'a rien de honteux. C'est une belle manière de développer votre modestie et d'être reconnaissant envers l'être que vous êtes pour vivre ainsi dans la quiétude et l'assurance de vous reconnaître simplement.

Votre vie vous trempe littéralement dans une mer constituée de tous les commentaires entendus depuis votre naissance. Certains jugements vous ont marqué telle une flèche au cœur. Certaines remarques désobligeantes s'incrustent si profondément dans votre être qu'elles deviennent presque indélébiles. Désirer vous libérer de l'emprise des émotions perturbatrices, c'est apprendre à vous détacher des événements tout en vous coupant des pensées turbulentes en les laissant passer, comme un nuage dans le ciel qui poursuit son chemin sans s'arrêter.

La clef de la voûte réside dans la volonté de ne pas alimenter les pensées perturbatrices. Dites « non ! » de toutes vos forces, cessez ce monologue intérieur qui se promène de commentaires en remarques toujours de plus en plus destructrices. Faites tout pour diriger votre pensée vers quelque chose de nourrissant. Faites une activité qui vous détend, écoutez de la musique et chantez pour vous couper de ces mots. Le problème ne se situe pas sur le plan de la pensée négative elle-même, mais bien dans ce que l'être en fait par la suite. Nourrir une ambiance négative par la pensée équivaut à mettre volontairement le pied dans un nid d'abeilles. Mieux vaut laisser passer le nuage des émotions sans trop y prêter attention. C'est un comportement plus sûr ! Car ce sont souvent des peccadilles qui vous entraînent dans un tourbillon de souvenirs désagréables en vous éloignant temporairement de l'intégrité qui vous lie à l'intuition. Faites l'effort de vous concentrer sur des pensées calmantes et bienveillantes pour ainsi nourrir une ambiance positive. Faites-vous une liste d'actions réconfortantes, parlez à un ami, occupez votre pensée, dirigez-la vers une sensation positive.

Ce qui fait souffrir l'humain est en même temps ce qui assure l'accomplissement de l'âme à travers le développement de son individualité, de sa richesse et de sa couleur unique. Vous ressentez une véritable fierté en constatant que vous réagissez maintenant de façon détachée à un événement qui, auparavant, vous faisait souffrir. Vous comprenez que vous venez de franchir un pas important dans votre cheminement. De plus, vous voyez le rôle qu'ont joué certains événements inconfortables dans le développement de votre discernement en vous incitant à garder une saine distance émotionnelle par rapport à ceux-ci.

Vous vivez des périodes difficiles durant lesquelles vous devez faire un réel effort de volonté afin de rester positifs. Vous devez faire l'effort de diriger votre pensée vers la capacité de résoudre les situations plutôt que de nourrir des émotions reliées à des scénarios, des circonstances négatives qui augmentent l'impuissance, l'injustice, la colère, les accusations qui propagent la souffrance entre les émotions du cœur et les pensées qui deviennent de plus en plus insidieuses et destructrices.

Lorsque les pensées et les émotions négatives se lancent la balle, vous devenez prisonnier de votre passé puisqu'elles puisent leurs idées dans le réservoir de votre vécu, dans les peurs imaginaires, dans les fausses interprétations qui ont meublé vos doutes.

Il y a trois sortes de doutes. Il y a tout d'abord ceux qui sont réels. Vous les rencontrez dans des situations où vous êtes conscients de vos limites ou de votre potentiel dans un domaine particulier, et que vous avez à dépasser ces limites ou ce potentiel. Cela vous demande évidemment un effort, un certain courage pour dépasser non seulement vos limitations, mais également les doutes quant à votre capacité à y parvenir. Illustrons cela avec un exemple. Vous devez changer un pneu à la suite d'une crevaison sur le bord de la route et vous doutez de votre habileté à le faire. Tout cela est vrai.

Le deuxième type de doute survient quand vous refusez de vous avouer que vous doutez de votre capacité. Vous ne voulez pas qu'on s'en aperçoive. Vous pouvez mentir à ceux qui vous entourent et, bien sûr, vous mentir à vous-même. Si quelqu'un le sait ou le ressent, vous allez vous débattre, peut-être en vouloir à l'autre de déceler votre faiblesse. Un doute plus profond s'installe alors, car votre intégrité n'est plus entière. Elle est voilée par le refus de reconnaître le doute.

Le troisième type est plus incisif que le précédent, car il peut se faire en silence, en vous-même et sans en parler à personne. Par exemple, vous faites le choix de ne plus fréquenter telle personne, tel groupe. Dans ce dernier cas, vous allez plus loin dans la fausseté, vous allez plus que camoufler votre incapacité. Vous pouvez diminuer celui ou celle qui voit, convaincre certaines personnes non pas de votre incapacité, mais pointer l'autre qui devient la cause de votre incapacité. Vous vous promenez de mensonge en mensonge, refoulant le plus loin possible en vous tout indice laissant entrevoir votre refus. Le blâme et le mensonge sont destructeurs puisqu'il ne faut pas laisser de traces et tenter de couvrir tous les angles afin de masquer sa propre sensation d'échec.

Les pensées à caractère négatif ont leur raison d'être

Apprendre à choisir les comportements qui tendent à créer l'harmonie plutôt que la discorde fait partie de votre cheminement.

Dans cette optique, on pourrait être porté à croire que les pensées s'amusent à brouiller les cartes. C'est faux. Leur rôle consiste à présenter des idées alternatives qui vont de pair avec les penchants négatifs de votre personnalité, sur lesquels il serait bon de vous attarder. Ces pensées qui génèrent des comportements blessants sont nécessaires afin que vous ayez en main tous les éléments pour faire des choix éclairés et responsables en tenant compte des conséquences associées à ces décisions. Vous possédez toujours la possibilité d'envoyer promener l'intuition si cela vous chante. Là encore, c'est une question de choix.

En transmettant de petites impulsions, il sera plus facile pour vos aides de mettre en relief certains penchants de votre personnalité afin de vous aider à les maîtriser. Reconnaître les idées contradictoires qui mijotent dans le champ de votre conscience provoque ainsi une réflexion salutaire. C'est comme si vous deviez choisir parmi ces idées. C'est de cette façon que se développe le raffinement de votre être.

Prenons comme exemple une situation de conflit. Vous avez le choix de clouer le bec à votre interlocuteur ou de chercher un terrain d'entente. Vous pouvez donc choisir entre deux attitudes à l'opposé l'une de l'autre, deux actions dont les résultats seront fort différents. Vous ressentez des émotions, en prenez conscience et choisissez les comportements et attitudes appropriés qui vont engendrer le résultat recherché, préférablement le retour de l'harmonie dans cette relation.

Vous ne savez pas toujours à quel point vous êtes privilégié d'avoir la capacité de projeter mentalement les conséquences prévisibles des différentes options qui s'offrent à vous avant de passer à l'action. Ainsi, vous avez l'occasion d'identifier quelles émotions se cachent sous la motivation à poser un geste plutôt qu'un autre. C'est ce que vous appelez, à juste titre, réfléchir avant d'agir.

Il est parfois tentant d'agir par orgueil, histoire de montrer aux autres ce dont vous êtes capable et que vous pouvez facilement vous passer d'eux. Vous pouvez aussi être tenté de vous venger en espérant que ce geste ne nuira pas. Les émotions perturbatrices sont toujours à l'origine de comportements inadéquats. Toujours. Il s'agit parfois d'une émotion positive qui, portée à l'extrême, vous amène à être irréaliste. Il peut aussi s'agir d'un geste inconsidéré posé sous le coup d'une colère. Bien des accidents se produisent alors que vous vous trouvez sous l'emprise d'une colère. Par exemple, vous prenez votre voiture, vous manquez d'attention, vous ne voyez pas la lumière rouge et c'est le départ prématuré causé par l'ambiance émotive. Si vous aviez maîtrisé votre colère avant de prendre le volant, l'accident aurait-il eu lieu ? **Et si l'intuition n'était pas un don, mais une écoute intérieure de ce qui est bon de faire dans cet état émotif ?**

Certains êtres croient qu'il n'y a pas de hasard. Et si le hasard existait parfois ? Dans certaines circonstances, nous observons que le hasard existe et qu'il se manifeste habituellement lorsque vous agissez sous le coup d'une émotion. Il arrive qu'un être nourrisse une rancune si tenace qu'elle pourra provoquer des situations douloureuses comme une séparation, une perte d'emploi ou un moment de profond désespoir. Selon son plan de vie, la victime de violence n'avait pas à expérimenter autant de souffrance et c'est là que la notion de hasard prend son sens. Évidemment, toutes les aides interviendront pour aider la victime de violence à développer une compréhension plus profonde des événements. Cette connaissance lui permettra de repérer les signes de la naissance de la colère, comment et par quoi elle a été alimentée au point de devenir démesurée.

Le choix vous revient

Dans l'invisible, il existe une multitude de possibilités par rapport à un même événement. Toutes les aides invisibles contribuent à l'évolution de votre être en vous incitant à faire preuve d'analyse, de logique, de discipline, puisqu'il en faut pour diriger votre pensée imprégnée d'émotions destructrices. Car c'est vous qui possédez le dernier mot dans la matière. C'est vous qui décidez de tendre ou non l'oreille, qui choisissez et agissez. En un mot, c'est vous le patron ; ce n'est pas l'intuition, vos guides, votre ange gardien, c'est vous selon les choix que vous faites. Vous êtes notre patron, nous obéissons à vos changements d'humeurs et à vos plans d'actions et nous vous guidons dans votre intuition. Et c'est vous qui direz : « *C'est ce que je fais envers et contre tous* » ou « *c'est ce que je choisis puisque je veux cesser ce combat de coqs.* »

Or, pour parvenir à un choix parmi toutes les possibilités qui s'offrent, il arrive assez fréquemment que vous fassiez des associations mentales entre des événements pourtant distincts. Cela se produit souvent sans même vous en rendre compte. Ces associations mentales ont rarement un impact positif parce qu'elles peuvent tirer leur origine d'un jugement erroné.

Prenons comme exemple un être ayant une faible estime de soi. Il demande à une de ses amies de l'accompagner au restaurant, mais celle-ci refuse en raison d'un conflit d'horaire. Il interprète alors ce refus comme un rejet. Il se tient intérieurement un discours qui ressemble à ceci : « *C'est ça, personne ne m'aime. On sait bien, tout le monde me rejette depuis que j'ai critiqué son conjoint. J'aurais dû me taire aussi. Je parle toujours trop. Je ne fais jamais rien de bien. Ma mère avait raison, je suis lamentable sur toute la ligne. Je suis un cas désespéré.* »

Dans cet exemple, les pensées et les émotions relatives à des événements de différentes époques finissent par se mélanger. Le présent (ce qui a trait à son amie) vient s'entrecroiser avec des commentaires du passé. Le mélange de toutes ces introjections fait qu'une boule grossit, jusqu'au jour où elle éclate.

Vous avez tout avantage à apprendre à déceler ces introjections et à les ramener à de justes proportions par rapport à la réalité. L'analyse s'avère un outil précieux afin d'identifier les émotions et les pensées récurrentes qui nuisent à l'épanouissement. Car les émotions, les sensations, les valeurs morales et les croyances entretenues constituent les éléments de base qui influencent les choix de votre vie.

Nous vous invitons à prendre quelques instants pour réfléchir à ce qui précède. Essayez de voir s'il n'existe pas des émotions ou des comportements qui reviennent constamment vous perturber. Ce que vous appelez un penchant inné peut constituer en fait une réaction instinctive sur laquelle vous croyez souvent n'avoir aucun contrôle. Si vous vous dites « *C'est plus fort que moi* » au sujet d'une réaction ou d'une émotion, soyez certain que cela constitue un défi à relever. Car, sur Terre, il n'existe pratiquement aucun penchant qui soit plus fort que votre volonté, que la puissance et les conséquences de vos choix.

Il est certain que l'éducation reçue exerce une grande influence sur le développement de votre personnalité. Vous demeurez donc responsable de choisir les pensées et les émotions, mais vous avez la capacité de réfléchir à la continuité de ces choix dans le temps et de faire de votre vie un petit paradis. Cesser de rejeter la faute sur autrui et de s'en servir comme excuse représente une première étape de conscientisation. En demeurer prisonnier constitue une autre étape. Vous êtes appelé à apprendre à vous défaire des entraves nuisant à votre développement, par exemple, de rendre les autres responsables de votre malheur et de votre bonheur. Les pensées et les émotions récurrentes ayant un impact négatif sur votre épanouissement ne font pas exception à la règle. À partir du moment où votre conscience apprend à se distancer de vos propres jugements, le contenu de votre monologue intérieur se modifie. Le langage que vous vous tenez intérieurement et qui vous entraînait dans une spirale de désespoir émotif se transforme.

Modifier le monologue intérieur constitue une grande et douce responsabilité. Vous parler avec respect et amour plutôt que vous diminuer et vous en demander constamment trop vous protège des insatisfactions. Plus une difficulté est importante, plus le dépassement sera grand. Tout ceci fait partie intégrante de la mission intime de votre âme. Il est certain qu'il existe des réactions purement instinctives, comme par exemple se gratter lorsque l'on ressent une démangeaison. Nous pourrions aussi qualifier d'instinctives certaines réactions émotives. C'est ce qui se produit, par exemple, lorsqu'un humain en regarde un autre de travers et que le premier ressent un malaise en se demandant ce qu'il a bien pu faire de répréhensible pour qu'on le regarde ainsi. Vous êtes appelé à combattre certaines réactions, dites instinctives, qui surgissent à l'intérieur de vous, surtout si vous avez tendance à les renchérir avec une brochette de pensées négatives pouvant potentiellement vous mener loin.

Reprenons notre exemple de l'humain qui en regarde un autre de travers. Le premier pense immédiatement avoir agi incorrectement. Il pense qu'il a peut-être l'air un peu fou dans son nouveau costume. Après réflexion, il trouve que l'autre aussi a un bien drôle d'accoutrement. Il enchaîne ensuite en pensant que cela lui rappelle une ancienne relation, mais en beaucoup moins sympathique. Si jamais l'autre s'avance dans sa direction, il compte répliquer avec une remarque qui le fera se sentir ridicule et humilié. Finalement, il se demande pour qui l'autre se prend. Il va lui montrer de quoi il est capable s'il lui en donne l'occasion. Après tout, il a décidé, il y a longtemps, de ne plus jamais se laisser marcher sur les pieds. Et ainsi de suite...

En réalité, il ne s'est rien passé concrètement. Cet humain n'a fait que le regarder, un point c'est tout. C'est lui qui a interprété le regard de l'autre et renchéri avec des pensées inspirées à partir d'événements passés. Il a continué seul ce monologue intérieur et il a nourri toutes sortes de scénarios négatifs dans sa tête. L'intervention de la partie intelligente de l'être aurait suffi à désamorcer cette situation potentiellement explosive.

Chaque vie possède ses secrets. Chaque être ressent et absorbe les émotions d'une façon tout à fait unique, qu'il s'agisse de bonheur, de tristesse, de rancune, du sentiment d'être victime, etc. L'humour constitue une excellente façon de dédramatiser les situations inconfortables et de s'en libérer. L'âme qui s'incarne désire apprendre à observer les situations d'un point de vue différent et plus élevé spirituellement. Pour ce faire, vous devez obligatoirement développer votre capacité à prendre du recul quant aux situations, à vous en détacher de manière à ne pas demeurer prisonnier de l'émotion que vous avez cultivée. Poser un geste sous le coup d'une forte émotion équivaut souvent à courir après les ennuis. L'émotion sans réflexion vous amène à poser un geste impulsif que vous regretterez fort possiblement par la suite. Nous disons « possiblement », car vous possédez toujours le choix de condamner ou de regarder ce que vous pouvez faire pour votre bien-être en rapport avec cet événement. À partir du moment où vous êtes conscient que certaines émotions dépassent les bornes, persister dans cette voie devient entièrement votre choix.

Dans l'incarnation, vous venez également pour apprendre à vous mettre en priorité, c'est-à-dire à vous respecter à travers les gestes que vous posez. Pour ce faire, vous devez apprendre à vous affirmer sans arrogance, à respecter vos limites et celles des autres, à négocier tout en apprenant à dire non, à vous accepter, à vous apprécier pour vous aimer. C'est un énorme contrat ! Vivre en harmonie, c'est savoir prendre soin de l'autre tout en respectant vos propres choix. C'est faire en sorte que l'autre se sente soutenu et apprécié, quels que soient les circonstances et les changements. Cela aussi est tout un contrat.

Expérimenter la résistance au changement fait partie des dépassements. Il est normal que vous ressentiez une certaine crainte par rapport au changement puisque cela relève de l'inconnu pour vous. Votre intuition peut vous aider à comprendre ce qui nourrit ces petits doutes et voir ainsi quelle peur se cache derrière ceux-ci. L'écriture représente un excellent moyen d'introspection.

Le sabotage

Il existe aussi en vous un petit côté saboteur qui crée parfois bien des embûches en vous maintenant dans l'émotivité. Le sabotage consiste à agir sous un coup de tête et en persistant dans cette voie parfois pendant des années. En fait, vous vous sabotez à chaque fois que vous vous laissez dominer par l'émotivité. Les comportements de sabotage sont multiples et proviennent souvent de la peur, que ce soit la peur du changement, la peur des responsabilités ou celle de perdre votre liberté ou encore celle d'admettre la réalité. Pour en finir avec le sabotage, l'analyse logique joue un rôle précieux afin d'apprendre à débusquer les émotions qui teintent le jugement.

Pour trouver l'harmonie, vous êtes appelé à prendre conscience de certaines lacunes dans votre cheminement. Les gestes qui vous habitent sont le moteur qui vous pousse à l'action. Être conscient de ces pensées vous permettra de comprendre les choix que vous faites. Il est important de comprendre la blessure et les gestes pour cesser d'endosser le rôle de victime. Le sabotage vous enferme dans un état d'esprit négatif et vous éloigne momentanément de la voix de l'intuition. L'émotion négative prend alors la place de votre intuition tout en ayant évidemment l'effet contraire de l'harmonie. Sous l'emprise d'une émotion négative qui vous guide dans le couloir de l'égocentrisme, vous n'avez plus la vision globale de l'harmonie. Isolé dans ce couloir, vous vous privez ainsi d'une importante source de sagesse et d'amour.

Il vous faut développer des outils susceptibles de débusquer les émotions qui ralentissent la progression de votre vie en créant des karmas émotifs, nés de l'alimentation volontaire de vos émotions négatives. Sachez que tous ces karmas sont des sources de souffrances additionnelles pouvant aisément être évités en étant conscient des mécanismes qui vous amènent à faire des choix. Ainsi, vous devenez pleinement responsable de votre destinée.

La contagion des émotions

La contagion des émotions est une autre façon de vous éloigner de votre harmonie. Elle se produit parfois lorsque vous êtes en relation avec votre entourage. Vous êtes alors affecté par l'énergie ambiante qui règne au sein de cet entourage et vous éprouvez alors un changement émotif important. Par exemple, la contagion émotive peut se produire lorsque vous discutez d'un problème qui ne vous concerne pas directement, vous donnez votre avis sur une relation ou votre appui à une situation qui vous est finalement étrangère. S'il se dégage de cette situation une énergie négative persistante, cette dernière finira par modifier l'énergie que vous dégagez, rendant difficile de nouvelles relations, comme si un nuage de fumée venait embrouiller l'atmosphère et vous éloigner temporairement de ceux qui vous sont proches. Les pensées négatives que vous entretenez peuvent amener ce nuage à prendre de l'expansion, jusqu'au point où vous n'entendrez plus les suggestions de ses intuitions.

Prenons en exemple Gisèle, qui rencontre son ami Raymond au supermarché. Le sujet de leur conversation glisse peu à peu vers Carole, la nouvelle flamme de Raymond. Sans s'en rendre compte, Gisèle vient de s'immiscer émotionnellement entre deux êtres et, de ce fait, elle vient d'entrer en relation avec Carole, même si elle ne la connaît pas. Ayant confiance en Gisèle, Raymond lui raconte un comportement de Carole qu'il considère non respectueux. Cette situation risque d'amener Gisèle à juger Carole à la suite du récit, et évidemment à prendre la part de Raymond.

Gisèle vivra alors une série d'émotions au sujet d'une personne qui n'a aucun lien émotionnel direct avec elle. Il lui sera difficile de mettre en doute les dires de Raymond puisqu'il est son ami et qu'elle a confiance en lui. Alors, un malaise s'installe et génère toutes sortes de pensées. Selon ce que lui rappelle le manque de respect décrit par Raymond et les sentiments qu'elle éprouve pour ce dernier, elle sera peut-être portée à encourager Raymond à parler de Carole dans son dos ou à critiquer injustement Carole ou à se porter à la défense de Carole. L'important ici, c'est de savoir quelle est l'intention sous-entendue qui se cache derrière le choix de Gisèle ?

Plusieurs scénarios sont possibles. Si Gisèle engendre des émotions négatives au sujet d'une personne avec laquelle elle n'a aucune relation directe, elle participe à du « commérage ». Ce choix lui fera vivre une ambiance négative, car elle alimente automatiquement l'émotivité de Raymond. Ce dernier vient de se faire confirmer, tel qu'il le souhaitait, que Carole lui manque de respect.

Fort de cette conviction, toutes ses paroles et ses actions en seront teintées et Carole risque de ne pas comprendre pourquoi Raymond agit ainsi avec elle. Elle aura l'impression qu'il cherche la dispute. Cette énergie négative dans laquelle beigne Raymond restera présente tant et aussi longtemps qu'elle lui sera utile. Derrière le choix de Raymond de nourrir cette énergie négative et de la maintenir en place se cache une intention. Inconsciemment, il s'est servi de Gisèle pour appuyer sa décision. Vous savez, c'est là que le soi-disant inconscient contribue au conscient. L'inconscient est cette partie de vous qui souhaite demeurer dans le même comportement. Il cherchera alors à convaincre le conscient (la partie de vous qui veut arrêter l'émotivité) en trouvant la réponse ou l'appui qui convient.

Ces contagions émotives se produisent dans plusieurs contextes. Vous pouvez, comme Gisèle, vous immiscez dans la situation ou vous pouvez ressentir une grande réticence qui vous pousse à vous retirer de la situation. Vous sentez alors le besoin de vous détacher émotionnellement de façon à prendre le rôle d'observateur quant au tourbillon d'énergies perturbatrices dans lequel cet ami se trouve. Il importe donc de demeurer vigilant et alerte par rapport à l'émotivité de votre entourage pour ne pas être aspiré dans un tourbillon qui vous fera perdre complètement vos repères.

Le paroxysme des émotions négatives est atteint lorsque vous vous êtes subjugué par elles au point que vous cessez, même momentanément, de vous soucier des conséquences de vos actes. Quand vous perdez l'accès à la partie positive de vous, quand il n'y a plus d'espoir, plus de solution envisagée, c'est comme plonger dans un tunnel noir où il vous faut demander de l'aide, dire votre détresse et vous laisser aider pour sortir de ce désarroi. Il en est de même avec la peur lorsqu'elle vous propulse dans des scénarios sombres tous plus invraisemblables les uns que les autres. Pour arriver à la dépasser, cela demande un effort considérable et de l'aide extérieure peut être nécessaire pour y parvenir.

Dans ces tourbillons négatifs, à un moment donné, il n'est plus nécessaire d'écouter ce que votre mental vous dit. Il vaut mieux prier, dire non, surtout ne pas vous isoler, vous fier à quelqu'un d'autre que vous qui vous rappellera l'exacerbation de la situation. Lorsque vous sortez d'une période critique, ce n'est pas pour rien que vous pouvez avoir l'impression que vous étiez dans un cauchemar qui ne semblait pas s'arrêter. Il faut aller chercher de l'aide avant que ce cauchemar teinte les moindres aspects de votre vie.

Sachez que les tourbillons émotifs peuvent susciter, auprès de l'entourage, un état émotif contagieux. Ainsi, quand vous êtes près de quelqu'un vous risquez de faire vôtres certaines de ses émotions. Si elles sont positives, c'est merveilleux, car ces énergies contribueront mutuellement à augmenter vos énergies positives. Lorsqu'elles sont négatives, la vigilance de part et d'autre est de mise.

Il importe de reconnaître et d'accepter que vous avez besoin d'aide à différents moments de votre vie. Vous êtes soutenu au niveau céleste et au niveau terrestre. Accepter ce soutien n'est pas une faiblesse, c'est plutôt de la prévoyance et de l'humilité. En devenant plus conscient des étapes difficiles que vous traversez et de l'aide dont vous avez besoin, il vous semblera plus facile de passer ces étapes.

Vivre des émotions négatives, comprendre et grandir

Le fait d'aller si loin dans l'ombre et de retrouver l'espoir par la suite, réapprivoiser la confiance, croire en vous à nouveau, vous ramène souvent dans une ambiance encore plus positive. Nous vous encourageons à cultiver des ambiances positives par des pensées, des paroles et des gestes qui engendrent l'harmonie. Cette ligne de conduite permettra de demeurer plus facilement en contact avec votre intuition. Tous ceux qui vous secondent dans l'accomplissement de votre vie seront à même de vous transmettre des suggestions ou des messages favorisant le développement d'un climat de vie encore plus harmonieux.

Il est parfois tentant de se défouler par la médisance. Cependant, ces petits « plaisirs » ne sont pas sans conséquence. À la longue, vous développerez l'habitude de cultiver une ambiance négative qui aura inévitablement un impact dans votre vie. Dans les rencontres que vous vivrez sur la Terre, il y aura certes des écarts, mais il importe davantage d'accepter de voir et de vivre ces divers écarts en choisissant de grandir à travers eux. Chacun d'eux deviendra une occasion d'apprendre sur vous et de comprendre vos réactions émotives. Ils vous permettront de développer votre humilité et vous mèneront à une vibration positive. Il vous faut donc apprendre à voir ces écarts comme des outils de croissance au lieu d'une tare à éviter à tout prix.

Le choix de la polarité d'énergie que vous dégagez ou que vous emmagasinez dépend beaucoup des pensées que vous entretenez, des paroles que vous prononcez, des gestes que vous posez. L'intuition propose la voie à suivre, mais elle ne peut l'imposer. L'intuition suggère l'orientation des pensées, mais elle ne peut faire plus. La séquence chronologique qui suit l'émission d'une intuition vous appartient. Cette séquence est la suivante : pensée = choix = actions. Ainsi, tout découle des pensées. Est-ce si simple que cela ? Nous aimerions vous donner un autre aperçu de l'impact que peut avoir une émotion ou une expérience négative sur une vie. Supposons qu'un être vient de connaître une importante trahison amoureuse. Il est tout à fait normal qu'il mette du temps à retrouver sa confiance. Il est même possible que le niveau de confiance ne redevienne pas tout à fait comme auparavant parce qu'il aura gardé un goût amer de sa mésaventure. Après mûre réflexion, cet être pourra en venir à la conclusion qu'il pardonne à l'être qui l'a blessé parce qu'il comprend ce qui l'a porté à agir de la sorte. Cela prend une bonne dose de courage. On vous a fait mal, on a brisé certains rêves qui vous tenaient à cœur. Mais vous comprenez la courbe que la relation a prise, vous voyez les bons souvenirs comme les douloureux, et vous laissez aller ce qui aurait pu être mais qui n'est plus.

Il est tout à fait normal que vous ressentiez des émotions négatives à la suite d'une trahison. Cela fait partie du processus de « guérison ». Il est également normal que ces émotions prennent un certain temps avant de se dissoudre pour faire place à des sentiments plus positifs et harmonieux. Encore une fois, c'est la compréhension des motifs ayant mené à la trahison qui demeure essentielle pour la guérison. Dans cette compréhension, vous pourrez voir et reconnaître votre propre implication, et voir également que l'autre n'agit peut-être pas comme vous ou qu'il n'a pas la même notion d'intégrité que vous.

La compréhension inclut l'incompréhension. Si certains actes sont loin de votre possibilité d'être, tournez la page, acceptez une sorte d'échec, car l'échec fait également partie du chemin de la libération. Renoncez à l'idée de tout comprendre. Certains actes, comme la méchanceté, la torture, la cruauté de laisser un enfant mourir, resteront très souvent incompréhensibles. Dans ces cas, demandez la force d'accepter ce que vous ne pouvez comprendre. Cela vous aidera à vous libérer des émotions perturbatrices accompagnant la blessure.

Autrement, il y a un risque à demeurer coincé dans l'émotion négative et ainsi cela peut avoir comme conséquence d'augmenter la durée de la souffrance émotive et du désarroi qui y sont associés. Pour éviter cette situation, posez des gestes concrets, même s'ils demandent un effort, afin de retrouver graduellement une ambiance positive dans votre vie. Cet effort fourni afin de ne pas se laisser emporter par la colère, par la détresse ou le découragement est tellement minime pour bénéficier des bienfaits qu'apporte la sérénité, puisqu'elle ouvre automatiquement la porte vers d'autres futurs possibles, qui ne peuvent être entrevus sous l'emprise du ressentiment.

Dans une situation difficile, que les pensées perturbatrices vous viennent à l'esprit est normal, voire presque automatique. Toutefois, cela requiert une grande sagesse pour ne pas leur donner suite, et pour demander de l'aide intérieure afin de vous apaiser et conserver votre calme. Toutes les réactions vous sont permises : vous révolter, refuser d'accepter la situation, vous mettre en colère, vous en foutre ou la transformer en apprentissage. Ainsi, vous quittez la charge émotive négative pour comprendre ce qui stimule vos réactions occasionnées par la situation vécue. Ce sont autant de possibilités d'agir, mais certaines prendront beaucoup plus de temps, d'énergie, pour obtenir le même résultat.

Votre destinée est d'apprendre, c'est le résultat escompté. Il vous appartient de choisir la manière d'y parvenir. Votre intention d'harmonie vous dirige vers le discernement. L'analyse des événements vous permet de les comprendre, de les accepter, et ainsi, vous montre de nouvelles avenues qui s'avèreront possiblement plus solides puisqu'elles proviendront de choix éclairés et non plus émotifs. Cet effort d'analyse du comportement de chacun, vous comme l'autre, dans la relation vous évitera l'impression de tourner en rond, de broyer du noir, et vous aidera à changer d'ambiance émotive.

Vous pouvez vous référer à vos intuitions afin de comprendre les indices que vous n'avez pas su percevoir et qui vous ont conduit à cette impasse. Même si la partie humaine considère qu'elle ne mérite pas de vivre un certain malheur, vous devez quand même vous interroger pour découvrir quel apprentissage vous pouvez en tirer ou ce qui vous a mené là. Il n'est pas question ici de trouver un coupable à tout prix. Votre intuition, si vous voulez, contribuera à comprendre une situation qui semble désagréable pour en faire une source d'apprentissage qui s'avèrera précieuse à l'avenir. Les gestes posés sous le coup d'une émotion négative ont nécessairement un impact négatif. Bien entendu, cet impact n'est que circonstanciel et de courte durée. Il est souhaitable de comprendre ce qui se cache derrière une attitude récurrente. Cette connaissance vous permettra probablement d'adopter une saine distance.

En résumé, les émotions négatives ont tendance à venir teinter vos pensées, vos paroles et les gestes que vous posez. Leur impact non négligeable dépend en grande partie de la façon dont vous les gérez. L'intuition vous proposera toujours une attitude de tempérance dans les moments critiques, de façon à désamorcer l'émotion qui risque d'exploser à tout moment. Plus vous prendrez l'habitude d'adopter le réflexe de vous montrer réceptif aux suggestions, plus l'impact des émotions négatives risquera de diminuer. Vous verrez comme on prend goût à la sérénité que procure un sentiment de paix et d'harmonie.

Les questions à poser

Prenez du papier et un crayon. Remémorez-vous une situation de votre vie à la suite de laquelle vous êtes resté coincé dans la tristesse. Souvenez-vous des circonstances entourant cette situation. Décrivez-là. Comment vous sentiez-vous ? Quelles émotions ou impressions vous habitaient ? Écrivez-les. Avec le recul, quels étaient vos rêves ou vos objectifs réalisables liés à cette situation ? Avez-vous vécu des circonstances qui ont fait que vous avez été déçu ? Qu'avez-vous fait de cette déception ? En avez-vous parlé ? Vous êtes-vous dit que vous exagériez et que vous aviez tort d'être déçu ? Ou alors avez-vous mis cette déception en perspective en voyant qu'il était possible d'être déçu, mais que cette déception vous servirait à être plus vigilant dans l'avenir ?

Avez-vous vécu d'autres déceptions ? Comment les avez-vous gérées ? Répondez-y encore une fois. Vivez-vous plus de déception, un genre d'éloignement ? Est-ce que vous vous dites que cela n'est pas grave ? Vous sentez-vous de plus en plus frustré ? Faites-vous semblant que tout est correct ? Continuez-vous à ressentir autant d'enthousiasme qu'au début ?

Comment vous sentez-vous réellement ? Dites-vous la vérité ? Qu'est-ce que vous ne vouliez pas voir dans cette situation ? Qu'est-ce qui, pour vous, est impossible à accepter ? Qu'est-ce qui, pour vous, est le plus difficile de perdre ? Pourriez-vous vous sentir de la même façon qu'au début de cette situation ? Voulez-vous y croire encore ou vous savez que ce n'est pas possible ? Pouvez-vous accepter que l'on ait agi ainsi ? Pouvez-vous accepter que ce ne sera plus comme avant ? Que vous apprend cette expérience ? Comment peut-elle vous faire grandir ? N'est-ce pas cela le cadeau d'accepter de grandir ?

Vous ne pourrez pas toujours gagner, obtenir ce que vous souhaitez de quelqu'un. Il y aura des pertes, certaines engendrées par vous, d'autres par l'autre. Il est souhaitable d'analyser quelle est l'émotion qui vous habite et vous gruge. Serait-il temps de vous libérer de ces liens négatifs engendrés par le manque ? Quelles sont les idées qui vous font sombrer dans le désespoir de ce manque ? Quelles pensées occupent votre esprit lorsque vous ressassez l'échec ? Que se passe-t-il quand vous nourrissez cette ambiance négative ?

C'est en s'attardant à ces questions que vous pourrez contrer votre partie inconsciente qui continue à vouloir ce qui n'est plus. En continuant dans cette direction, vous vous battez contre Goliath, vous voulez que l'herbe soit bleue, le soleil vert. Laisser aller, c'est grandir. Pourquoi parlons-nous de cela dans l'intuition ? Tant que vous ne voyez pas et que vous ne vous avouez pas ce qui se passe réellement en vous, vous dirigez votre intuition dans l'illusion que vous voulez soutenir et elle ne sert plus votre harmonie, mais la disharmonie. En développant l'habileté à vous avouer la réalité telle qu'elle se présente, vous acquérez la force de vous adapter aux aléas de la vie qui vous permet de transformer les attitudes qui vous alourdissent en bien-être.

Un recul parfois nécessaire

Certains d'entre vous sont appelés à côtoyer, sur une base régulière, des êtres aux prises avec des ambiances négatives, tenaces et destructrices causées par un désordre chimique ou par des valeurs liées à une conscience limitée de l'autre. Si vous ressentez un malaise plus ou moins important en leur présence, il est souhaitable que vous preniez des moments de répit et que vous vous retiriez quelque peu pour ne pas être aspiré par leur tourbillon émotif.

Prendre momentanément une certaine distance permet, entre autres, de conserver vos énergies, votre objectivité, votre amour et votre compassion. Vous respecter permet d'être plus efficace. S'ouvrir à un être en voulant l'aider signifie entrer en synergie avec ce qu'il a de plus beau, mais également avec les pensées nébuleuses qui peuvent l'habiter. Il est possible de secourir un être qui en a besoin, tout en maintenant une saine distance de cœur et d'esprit. Éprouver une trop grande sympathie ou encore trop vouloir aider mène parfois à vous ouvrir sans réserve aux souffrances de l'autre. Ceci fait en sorte que vous pouvez ramener avec vous les souffrances de l'autre sans pour autant que cela n'allège les siennes. Conserver vos énergies est loin d'être égoïste. Cela vous permet de maintenir votre équilibre, de revenir frais et dispos vers la personne que vous désirez aider.

Si vous êtes trop généreux, vous pouvez demander à vos aides des idées afin d'apprendre à respecter vos limites. Bien entendu, prendre tout sur soi n'aide personne. Vous repartez avec des états d'âme qui ne sont pas vôtres et votre empathie n'enlève pas l'inquiétude de votre ami aux prises avec ses difficultés. Cela viendra par contre alourdir le poids de votre quotidien lorsque l'implication émotionnelle deviendra trop grande. C'est la raison pour laquelle il est préférable d'adopter une saine distance en présence d'ambiances négatives dans votre entourage ou encore d'espacer les rencontres. Cette distance s'avère parfois salutaire afin de conserver l'amour et l'harmonie dans la relation.

Il est parfaitement possible d'aimer un être sans pour autant porter le poids de ses difficultés. Chaque être doit accomplir lui-même ses dépassements. Parfois, vous soucier de quelqu'un d'autre peut être une façon de ne pas s'occuper de votre propre vie. Il est normal de vous inquiéter au sujet d'un proche qui affiche des comportements dépressifs ou autodestructeurs. Vous ne pouvez « vouloir » à la place de l'autre. Toute volonté de changement doit inévitablement venir de l'être lui-même. Alors, malgré toute votre bonne volonté, vous ne pouvez vouloir pour l'autre. Vous pouvez certes souhaiter ce changement parce que celui-ci vous semble bon et profitable pour l'autre. Vous pouvez également encourager l'autre à faire ce qui vous semble juste, mais tout le reste ne vous appartient plus. Après avoir offert votre soutien et votre assistance à l'autre, lâchez prise et faites confiance à l'autre pour qu'il trouve lui-même son chemin. Pour vous et pour l'autre, le lâcher-prise sera bien plus bénéfique que craindre le pire. Accepter de ne pas être indispensable, de ne pas être le sauveur, mais soutenir en laissant l'autre grandir peut être nourrissant pour les deux, si vous vous entraidez avec vos forces et vos limites respectives.

Travaillez à vous habituer à agir dans des ambiances positives, empreintes de calme. Oui, il est possible de vous y restreindre, pourquoi pas ? La résistance est accrue en raison de l'incompréhension, du mensonge entretenu et des ambiances négatives. Demander qu'une parole soit dite pour vous calmer, cela est dans nos possibilités d'aides. Demandez et vous recevrez, à vous de faire le choix maintenant !

Chapitre 6

Le monologue intérieur

Les limites du ciel

Il n'est pas usuel d'entendre parler de la limite du Ciel ou de ceux qui vous guident et pourtant elle existe. Dans la matière, connaître les limites de votre voiture vous semble tout à fait censé. Obtenir un ordinateur et apprendre son fonctionnement et ses forces pour qu'il convienne aux travaux que vous désirez accomplir, vous procurer les programmes appropriés, tout ceci fait partie de la réalité. Il en est de même avec l'aide divine. Pour faire des choix adéquats, il vous faut non seulement ressentir votre intuition convenablement, mais également connaître et discerner les limites du Ciel.

Les limites de l'aide divine sont bien réelles. Il est important d'en parler dans le contexte du discernement de l'émotion. Votre émotion, vos croyances et les désirs vont diriger ce que vous croyez recevoir en intuition. Comme nous l'avons plus amplement élaboré dans les chapitres précédents, l'émotivité va orienter votre réceptivité vers la zone qui lui correspond en terme de vibration. Alors, si vous demandez de l'aide divine, sachez que la réponse obtenue qui provient de cette zone correspond toujours à la vérité que vous osez vous dire.

Par exemple, vous avez l'habitude d'avoir un travail plus ou moins valorisant qui vous offre par contre beaucoup de temps libre ; votre situation financière est précaire depuis des années et vous ne voulez plus de cette instabilité ; vous aimeriez avoir un travail qui vous permette de mettre davantage à profit vos talents. Alors, vous optez pour un changement de carrière répondant à la fois à votre besoin de sécurité financière et à votre désir de mettre davantage à profit vos talents. C'est un nouveau défi qui vous stimule, même s'il réduit considérablement vos loisirs. La première année, tout va bien, vous êtes fier de vous et vos dettes sont remboursées. La seconde année est plus difficile, vous êtes de moins en moins déterminé à avoir de l'avancement. Vous manquez le travail de temps en temps pour vous reposer, pour reprendre les activités que vous avez laissé tomber. Durant la troisième année, rien ne va plus et vous observez tout ce qui ne fonctionne pas dans cette compagnie.

Que se passe-t-il ? Replacez-vous dans le contexte du passé et demandez-vous quel était votre objectif : vous dépasser dans un nouvel emploi. Avez-vous atteint cet objectif ? Remémorez-vous vos pensées, vos vieilles habitudes, vos vieux fantômes pour comprendre pourquoi, dans votre quotidien, vous n'avez pas maintenu l'objectif, vous avez bifurqué dans votre connu. La réponse obtenue risque de faire partie de la zone du passé et non du dépassement que vous aviez pressenti en acceptant ce travail.

C'est là que se situe notre limite. La partie qui ne veut pas renouer avec le dépassement va renforcer l'oisiveté en vous laissant penser qu'avant, vos conditions de vie n'étaient pas si difficiles que cela. La petite voix intérieure aura le son que vous voudrez bien lui donner. Elle s'arrangera pour masquer les images du passé pour vous faire miroiter qu'auparavant, votre qualité de vie était meilleure. Elle vous fera également associer les sensations d'insécurité liées à la décision de laisser votre emploi actuel à la peur de quitter ce travail, plutôt qu'au véritable motif, celui qui existait bien avant ce travail. Bref, l'intuition ne reflète que le discours intérieur puisqu'elle passe inévitablement par le filtre de l'état émotif.

Le discernement

Le discernement s'acquière par une analyse appropriée et en posant les questions qui correspondent à votre dépassement. Reprenons l'exemple du travail abordé dans la section précédente et voyons quelles questions peuvent être posées pour discerner la voix de l'intuition et la voix de l'ego :

Pourquoi ai-je fait ce choix ?
Quelle vision de moi semblait possible à ce moment-là ?
Ai-je tout fait pour y arriver ? Non.
Donc, ai-je bifurqué dans mes habitudes d'en faire le moins possible ? Oui.
Donc, est-ce le temps de laisser mon emploi, car mon ancien patron m'a rappelé, est-ce un signe ? C'est le lien que votre vieille habitude veut faire, mais retourner à cet ancien travail, ne serait-ce pas retourner en arrière ?

Toutes ces questions font naître le combat entre l'Ombre et la Lumière et seul le discernement pourra y mettre fin surtout lorsque l'ego s'en mêle. Dans cet exemple, votre ego pourrait dire : « *Que je me casse la tête ! Voyons donc ! Si je veux plus de temps pour moi, c'est bien légitime. C'est ma liberté qui prime, celle de faire ce que je veux quand je le veux, c'est toujours ce sur quoi je me suis basé.* »

Dans ce combat, l'intuition intervient de temps en temps :

Si tu retournes dans un travail à temps partiel, est-ce un choix qui est bon pour toi à court terme ? Oui.
Est-il bon à moyen terme ? Oui, je veux avoir plus de temps pour moi.
Est-il bon à long terme ? Non, je reviens à la case départ, je n'ai rien changé en moi.
Suis-je fier de moi si je retourne ? Non.
Y aurait-il une façon d'augmenter mes congés où je suis ? Oui.

Cela demande du courage de se regarder ; c'est pourquoi l'âme s'incarne. Il faut trouver la vraie réponse du dépassement, à travers toutes les croyances telles que « *je ne m'avilirai pas dans un travail, j'ai le droit de faire ce que je veux quand je veux.* », les désirs de se lever plus tard, d'avoir le temps d'aller visiter la famille, de ne pas avoir à tondre le gazon seulement le soir ou les fins de semaine. Pourtant, l'intuition vous donne d'autres avenues. L'ego, lui, ne négocie pas.

Lorsque l'Ombre veut faire des siennes, les théories auxquelles vous adhérez impliquent généralement de faire des liens qui n'ont pas de rapport entre eux. « *Si ce matin il y a une tempête, ce sera un signe que je dois quitter l'emploi. Ce matin, j'ai mal au genou, cela veut dire que je ne dois pas y aller.* » Est-ce que cela ne vous fait pas penser à « *il m'aime, il ne m'aime pas...* » en effeuillant une marguerite ? Remettre votre potentiel entre les mains d'une marguerite, est-ce logique ? Après avoir constaté que votre genou était enflé, modifier le sort de votre famille sans tenir compte que vous avez travaillé accroupi il y a deux jours n'a pas réellement de sens dans la réalité matérielle et terrestre. « *Si je ne trouve pas de stationnement, c'est que mes guides m'indiquent que je ne dois pas me rendre à cette entrevue.* »

Cela fait partie du cheminement spirituel de donner le sort de votre vie à d'autres qu'à vous tout en pensant que vous avez tous les pouvoirs. Vous pouvez prendre votre responsabilité en détectant la paresse, la colère ou encore la jalousie à travers un comportement limitatif qui se répète à cause de vos croyances, de votre ego et des petits passe-droits que vous vous accordez. La confrontation à la matière à travers une analyse logique qui reflète vos faiblesses et vos talents devient le défi grandiose de la vie. C'est par l'intuition du discernement que vous pourrez démasquer l'émotivité qui vous garde piégé dans une stagnation, qui vous donne l'impression d'être libre pendant un certain temps, mais qui vous ramène aux mêmes difficultés dans la matière. Cette intuition est fort différente des intuitions sporadiques qui vous sauvent la vie lorsqu'un danger vous menace. Elle est beaucoup plus subtile et vous amène sur le chemin spirituel pour confronter vos petites faiblesses, car c'est là l'aspiration de votre âme.

Comment savoir quel est votre dépassement? Il correspond généralement à plus de générosité, si vous avez tendance à mettre en priorité vos besoins, vos désirs sans vous soucier de ce que vous faites vivre à l'autre. Il vous fera développer plus d'humilité si vous avez tendance à croire que vous détenez la vérité. Que ce soit avec vos enfants, avec votre conjoint ou avec toute personne de votre entourage, votre âme vous pousse à développer plus d'amour et de compassion en vous et c'est par le dépassement qu'elle vous y guidera. Grâce à ces expériences d'analyse, vous découvrirez votre nature réelle avec une certaine exactitude, sans exagération et vous goûterez à cette merveilleuse intimité avec vous.

Être témoin

Plusieurs personnes rassemblent, dans un journal intime, leurs pensées secrètes, leurs espoirs et leurs déceptions. La tenue d'un journal personnel peut permettre de constater les aspects de vous qui se transforment avec le temps. À la relecture des notes, vous constatez inévitablement que le discours change de forme, que les propos deviennent plus matures et que la nature des conflits ou des contrariétés se modifie. Un tel journal intime peut s'avérer fort utile dans les périodes de découragement puisqu'il permet de prendre conscience de tout le progrès réalisé dans le cheminement. En même temps, vous pouvez frissonner en réalisant la manière dont vous avez réagi. Il est facile de se perdre de vue et le journal peut devenir un rappel important dans votre cheminement. Vous devenez, en quelque sorte, le témoin de votre progression à travers vos écrits.

Quand vous vous éloignez de votre conscience, vous devenez susceptible d'accomplir des actions qui vous donnent la sensation de grandir, mais en réalité, elles vous ralentissent. Prenez garde à la lecture, à la prière ou à la méditation qui peut parfois servir de fuite ou d'entretien d'un monde d'illusion, vous coupant temporairement de vos responsabilités. Gardez toujours en tête que faire fausse route fait partie du cheminement.

Il vous revient de vous maintenir dans une ambiance saine. Il vaut la peine d'analyser ce qui se passe en vous lorsque vous commencez à vous sentir fébrile ou négatif pour ne pas aboutir aux coupures que vous avez faites dans le passé. Sombrer dans des zones plus nébuleuses ne se fait généralement pas du jour au lendemain. Alors, l'analyse régulière de vos états d'âmes permet d'éviter d'être englouti dans ces zones nébuleuses. Le journal est un outil d'observation utile qui peut aider à l'analyse, mais il n'est pas le seul moyen d'être témoin. En fait, l'important c'est de prendre le temps de s'observer fréquemment, le plus souvent possible pour que les choix que vous effectuez soient le reflet de vos ambiances positives.

Repérer le monologue intérieur

L'écriture libère, c'est vrai, mais elle fait aussi beaucoup plus. Elle permet de repérer les pensées qui perturbent dans les moments difficiles. Vous culpabilisez-vous à outrance ? La rancune joue-t-elle un rôle caché chez vous ? Est-ce que vous entretenez des pensées défaitistes selon lesquelles la vie ne vaut pas la peine d'être vécue ? Et ainsi de suite... À force d'observation, plusieurs commencent à ressentir concrètement la présence de leur côté rebelle au moment d'écrire ces précieuses informations.

En effet, il n'est pas rare de se tenir le raisonnement suivant : « *Ça ne me tente pas d'écrire aujourd'hui. Qu'est-ce que cela va changer ? Je retombe toujours dans les mêmes travers de toute façon.* » en oubliant souvent la belle période de quelques mois qui vient de s'écouler pour focaliser uniquement sur un problème en particulier. Chacun possède des paroles maîtresses qu'il se répète intérieurement sans cesse lorsque se pointe en lui, une certaine insécurité ou lorsqu'il doute de ses capacités. Ces paroles forment ce que nous appelons le monologue intérieur. Dépendamment de leur teneur, ces paroles sont susceptibles de vous amener à vous éloigner momentanément de votre intuition.

Voici un exemple de monologue intérieur : « *Je ne mérite pas ça. Pourquoi la vie est-elle toujours si difficile ? Je n'accepterai jamais cette situation. Hé! là-haut, pourquoi ne me sortez-vous pas de cette impasse? Faites quelque chose si vraiment vous existez! C'est toujours sur moi que tombent les problèmes.* »

Ces paroles sont enregistrées, voire imprégnées en vous et lorsqu'une blessure arrive, elles refont surface, automatiquement. Cela vaut la peine de les reconnaître, de ne pas leurs donner votre bien-être puisque l'effort soutenu de ne pas leur porter attention va vous aider à adopter un niveau de conscience associé à une autre fréquence. C'est principalement la raison pour laquelle vous n'entendez plus les phrases de réconfort en provenance de l'intuition. Lorsque vous êtes étourdi par vos propos défaitistes, que vous connaissez si bien, vous n'entendez plus le réconfort, mais vos propos, eux, font leur ravage.

Nous savons que demeurer dans une zone énergétique positive requiert un grand effort et constitue, en soi, tout un art. Cependant, les bénéfices que vous en retirez sont multiples. N'allez pas croire que l'on doive abolir le monologue intérieur. Au contraire, c'est un outil de croissance personnelle extrêmement précieux. En effet, c'est lui qui contient les clés associées à vos principales souffrances et qui indique la voie à suivre pour s'en libérer. C'est par l'observation et l'analyse du contenu de ce monologue intérieur que vous serez le plus à même de progresser et de vous en libérer. La pensée négative engendre des sensations négatives qui s'alimentent les unes des autres. Et vous vous retrouvez littéralement piégé si vous n'y prêtez pas attention.

Ces paroles que vous entretenez sans cesse dans votre tête constituent probablement le discours que vous entendrez le plus souvent au cours de votre vie. C'est pourquoi il est si important de connaître le contenu de ce monologue intérieur et son impact. Lorsque le monologue intérieur défile dans votre tête, il est parfois difficile de déceler qu'est-ce qui a déclenché ce défilement. Était-ce des propos défaitistes ou une sensation de détresse, par exemple? Une fois le monologue intérieur commencé, voyez comment les émotions perturbatrices et les pensées s'entretiennent sans aucun effort. Les conscientiser joue un rôle capital dans l'élaboration d'un plan de vie constructif. Lorsque vous devenez capable d'agir comme observateur, vous êtes à même de replacer les bribes de phrases à saveur négative dans leur contexte, sans émotivité, et de tourner votre pensée vers des idées plus positives. À l'opposé, un cocktail instable se forme lorsque vous nourrissez votre émotivité par des pensées destructrices. Vous connaissez les résultats de ces pensées défaitistes puisque vous les avez observés maintes fois par le passé.

Quel que soit le modèle que vous refaites, soit celui de croire que vous avez raison de partir, de juger que l'on ne vous aime pas assez et que ça tourne toujours au vinaigre, ce mélange de certitudes et d'émotions vous mènera toujours vers la conviction que vous soutenez. Inévitablement alimenté par vos énergies négatives, cette attitude ne pourra que vous procurer du négatif. Vous pourrez vous sentir fort pour un temps et en profiter pour tenter d'épater la galerie, mais la souffrance associée à cette illusion vous rattrapera rapidement.

Une fois la fougue du moment passée, votre intuition profitera de l'accalmie pour transmettre son message. Elle tentera de vous ramener vers un sentiment d'humilité et de vous faire prendre conscience de l'ampleur de la situation. C'est alors que l'observation et l'analyse objective peuvent prendre place si vous le désirez. La plus grosse difficulté ne se situe pas tant sur le plan de la crise émotive, mais en ce qui concerne l'entêtement que vous mettez à ne pas vouloir réviser vos positions. Avoir l'humilité et la vulnérabilité de vous dire la vérité à vous-même et de l'avouer à ceux concernés demande de renoncer à cet entêtement.

Ne vous arrive-t-il pas de refuser d'admettre que vous avez exagéré ? D'un côté, l'orgueil peut s'objecter ; en fier défenseur, cette partie de vous ne veut pas être blessée à nouveau. Un jour ou l'autre, il vous faudra cependant admettre, au plus profond de votre être, que vous provoquez inconsciemment des évènements dans votre vie pour vous assurer que l'amour est toujours là. Qui va gagner le monologue intérieur, la détresse ou votre entêtement qui a peur et veut parfois remporter la partie à tout prix ? Malheureusement, en bout de ligne, un immense sentiment de tristesse constitue souvent le seul prix à gagner.

Sachez que le manque d'intégrité se passe toujours en vous et par rapport à vous. C'est la pire des souffrances, car vous vous battez contre vous. «*Je ne peux être aimé et je vais me le prouver ainsi qu'à tous ceux qui m'accompagneront.*» Cette partie humaine formée de l'ego endurci par la douleur et de la personnalité continue à penser qu'elle a eu gain de cause pour ne pas perdre la face bien sûr. Toutefois, il existe toujours un moment où vous pouvez faire marche arrière et reprendre la place que vous avez laissée. Un des chemins pour s'y rendre est la sincérité à l'égard de vous-même. Cela signifie que vous cessiez de croire aux histoires de votre monologue, qui embellit ou enlaidit la réalité. Le monologue intérieur, dans sa totalité, doit éventuellement refléter votre vérité, votre désir et votre accomplissement. Et cela nécessite votre écoute en toute sincérité.

Il arrive également que vous vous retrouviez en face de l'ego ou de la personnalité, ombrée, qui elle, refuse de perdre la face et est même prête à blesser pour sauver l'orgueil. Devant une telle insistance, la partie qui manque de confiance sera probablement portée à dénigrer en donnant raison à son accusateur. Votre volonté est cruciale pour nous parce qu'elle nous donne la permission de prendre la place du monologue négatif aussitôt que l'ombre fait relâche. Et sans votre consentement, c'est votre blessure qui prend place. Demander de l'aide, c'est ouvrir une brèche dans l'engrenage connu.

Vous risquez d'associer des événements distincts abondant dans le même sens. Par exemple, cette personne, que vous avez rencontrée il y a dix ans, avait tenu exactement les mêmes propos à votre endroit que votre frère qui n'a pas su vous apprécier à votre juste valeur et les mêmes propos que votre ami qui vous a trahi et que votre sœur qui vous en veut. Alors, vous pensez comprendre dans quelle impasse vous vous trouvez. Le monologue intérieur de l'Ombre ressemble à une chaîne d'événements et de circonstances dont chaque maillon vient renforcer une impression globale qui s'avère généralement négative.

L'émotivité s'explique par la tendance à ramasser divers souvenirs abondant dans le même sens que l'émotion maîtresse, contribuant ainsi à vous garder dans une ambiance plutôt négative. Ceci a pour effet de donner un réel pouvoir d'autodestruction à un être qui voudrait vous blesser ou vous blâmer. Il enrobe ni plus ni moins l'émotion maîtresse avec l'interprétation que vous faites des événements. L'intuition peut vous empêcher de céder si facilement aux pouvoirs des émotions destructrices, mais vous devez en manifester l'intention. Ne pas avoir le choix irait à l'encontre de l'exercice du libre arbitre. Nous sommes donc bien conscients que nous ne pouvons jamais intervenir sans votre accord, même si nous sentons votre besoin d'aide.

Selon nous, le pire péché originel consisterait à renier votre origine divine, votre conscience, vos valeurs de départ et celles qui prendront force au cours de votre vie. C'est malheureusement ce qui se produit lorsque vous vous dépréciez vous-même par le biais de votre monologue, que vous en ajoutez avec des commentaires souvent mal intentionnés qui ont meublé votre mental, tel que « vous ne valez pas grand chose ». Il en est de même lorsque vous reniez votre propre responsabilité ou que vous refusez d'admettre vos torts.

La volonté d'écoute

Lorsque vous vous donnez le droit à l'erreur ou au manquement, ce n'est pas le découragement qui vous envahit, mais toute la capacité de recevoir qui se manifeste grâce à votre intuition, laquelle vous procurera des suggestions relatives à vos capacités et vos incapacités. Ce droit que vous vous accordez devient ainsi un élément révélateur et libérateur et non accusateur et il viendra nourrir votre honnêteté et non pas votre culpabilité. Si nous insistons autant sur la nécessité de bien gérer vos émotions, c'est justement afin d'empêcher que le monologue intérieur fasse trop de dommages lorsqu'il tourne au noir. Donc, en prendre conscience, vous en dissocier, inclure une logique, relativiser les émotions, amènent la clarté de l'intuition.

Quand une ambiance négative prend toute la place, vous avez tendance à vous décourager en pensant que rien ne fonctionne dans votre vie. Les victoires du passé se trouvent momentanément reléguées dans l'oubli et ne font plus le poids devant un seul échec. Sombre également dans l'oubli le fait que vous vous en êtes toujours sorti jusqu'à maintenant. La voix de la conscience, secondée par l'intuition venant de l'ange gardien ou des guides tentera de renverser la vapeur et de vous amener à vous tenir un discours plus conforme à la réalité. En effet, la réalité est rarement aussi sombre que veut bien le laisser entendre le monologue intérieur négatif. C'est là qu'une simple demande vous amène une intervention en vous ramenant à la mémoire des images, des souvenirs de solutions, bien sûr, à connotation positive. Brisez le silence par votre demande. L'aide est toujours disponible, demandez pour recevoir. Demander signifie s'ouvrir aux pensées nouvelles, s'il y a lieu, chercher à les voir et à les ressentir. Demandez à sortir de la boîte de votre connu toujours en ne détruisant rien. Et c'est là que l'effort est à faire. L'effort est de bien faire. Dans le processus d'un changement, prenez soin, tentez de ne pas dénigrer lorsque vous changez de direction. Faire un changement en faisant attention à ceux qui peuvent en être atteints est agir dans la Lumière et non dans l'Ombre.

Vous avez le pouvoir de modifier la fréquence des pensées entretenues, mais pour que cela puisse se produire, vous devez d'abord en exprimer la volonté. Cela vous permettra ensuite de vous rendre compte dans quelles émotions votre monologue vous a plongé. Si vous décidez que vous ferez tout en votre pouvoir afin de changer de « fréquence » lorsque vous entendrez la station *Je me déprécie*, vous opterez volontairement pour le poste des pensées positives et des messages d'encouragement. Indéniablement, cela vous aidera à percevoir toutes les chances de votre côté. Chaque fois que vous prenez conscience que vous syntoniser des ambiances négatives, vous vous permettez d'en sortir en vous tournant vers des fréquences plus joyeuses et plus lumineuses. Votre intuition a de la difficulté à vous transmettre son message lorsque vous vous cantonnez dans l'isolement et la victimisation. Vous avez besoin de l'Ombre pour atteindre la Lumière.

Observer la réalité du moment

L'écoute du contenu de votre monologue intérieur et la volonté de le voir refléter davantage votre nature lumineuse engendrera éventuellement un plus grand degré d'harmonie. Mais pour choisir l'harmonie, vous devrez possiblement faire l'effort de diminuer le blâme tant envers vous qu'envers les membres de votre entourage. Nous avons remarqué que certains êtres utilisent abondamment des expressions telles que « *on me fait..., on veut me..., on me..., etc.* ». Ce discours parsemé de « *on me* » s'associe généralement à des sensations qui, à la longue, deviennent des certitudes se transformant ensuite en croyances.

En bout de ligne, ce discours s'imprègne de ce qui existe autour de vous jusqu'au jour où vous prenez conscience que les pensées de victimisation vous entretiennent. Nourrir ces liens vous garde dans une impuissance, faisant en sorte que vous vous persuadez que ce sont les « *autres* » – la société, le gouvernement, les parents, les amis – qui doivent changer et non pas vous-même. Chaque être représente « *Dieu dans son propre univers* ». Cela signifie que chaque humain a la possibilité de forger sa réalité en accord avec les pensées entretenues, les paroles prononcées et les gestes posés.

La première étape à franchir pour devenir « *Dieu dans son propre univers* », pour le meilleur et non pour le pire, consiste à prendre conscience du monologue intérieur qui influence la nature de vos pensées, de vos paroles et de vos gestes demeurant dans l'inconscient générant autant le bien-être que le mal-être intérieur. C'est la clé de la voûte essentielle à la réalisation de tous les possibles puisque le monologue intérieur gère vos peines, vos blessures, vos colères, les humiliations et la honte plus que la dignité de votre être. Il est souhaitable d'apprendre à reconnaître vos propres qualités et limitations, de même que celles de ceux qui vous entourent. L'âme s'incarne dans le but de côtoyer autant les aspects lumineux que les aspects disgracieux. Lorsque vous ne mettez pas en priorité votre propre senti, vous risquez d'abdiquer devant votre pouvoir et votre libre arbitre. En faisant fi de votre propre senti, c'est-à-dire la manifestation physique de votre intuition, vous cédez votre pouvoir à vos émotions, à des croyances souvent erronées et vous nourrissez alors vos blessures au lieu de procéder à une saine analyse des événements.

Que voulons-nous dire par des croyances erronées ? Voici un exemple pour illustrer ce concept. En vous comparant à votre sœur, on vous a souvent dit depuis votre enfance que vous n'étiez pas assez efficace. À plusieurs occasions vous avez constaté que ce n'était pas le cas. Dans tout ce qui a un lien avec les calculs mentaux vous manquez de vitesse, votre sœur est d'ailleurs devenue comptable et elle excelle dans ce domaine. Or, le fait que votre sœur réussisse bien ne vous enlève rien. Vous êtes devenu correcteur de livres, de magazines, de nouvelles. Vous avez su utiliser ce qui était considéré lent en vous comme une force pour analyser une idée et la corriger rapidement s'il y a lieu. Pourtant, lorsque l'on vous demande quelque chose, votre première pensée est votre incapacité en laquelle vous avez longtemps cru. La deuxième croyance erronée est : « *Voyons donc, tu sais bien que tu es capable !* » Cette fausse croyance fait que vous demeurez dans l'insécurité de votre enfance et non dans vos talents différents de ceux de votre sœur, que vous avez maintes et maintes fois pu constater.

Vous avez le devoir d'aller chercher le soutien dont vous avez besoin afin de vous protéger de la partie de vous-même qui a tendance à vous saboter. Alors, si vous n'entendez pas la partie qui dit « Tu es trop lent », vous ne pouvez pas dire « Non, je suis différent et par conséquent je vais accepter ce contrat plutôt que de le refuser» et vous vous placez dans une situation précaire au niveau financier. Ce contrat est une manne pour vous ; il est donc important de reconnaître vos vieilles croyances sur vous pour pouvoir saisir la chance et la possibilité qui vous sont offertes.

En ne reconnaissant pas chacun de vos pas, vous risquez d'être prisonnier dans un passé de doute et d'incertitude par rapport à vos réelles capacités. Avoir de l'amour pour vous, devenir responsable de vos changements en grandissant et en brisant les schémas dans lesquels vous êtes habitué d'opérer, c'est ainsi que vous créez votre propre univers. Puisque votre accomplissement dépend entièrement de vos actions, il vous appartient de rendre ses actions conformes à vos aspirations. Pour vous libérer de peurs d'enfance qui vous amènent à vous écarter de vos capacités d'adulte, il faut vous départir de votre monologue intérieur où s'enlisent vos pensées et vos croyances, en prenant conscience de sa présence et de son contenu et en cherchant de l'aide pour y voir clair.

Toutefois, si votre intention est de persister dans certains doutes, cette attitude devient insidieuse, d'une façon consciente et inconsciente. Évidemment, continuer de croire à vos peurs vous paralyse, vous garde dans une certaine incompétence et vous donne la possibilité de dire : « *Et si ma sœur m'avait encouragé au lieu de me traumatiser, je serais bien plus fort aujourd'hui.* » C'est vrai, mais à votre âge, n'est-il pas temps de cesser de vous servir de votre sœur et de ses maladresses et de passer à votre potentiel, au lieu de vous garder dans vos incapacités ? Vous avez réellement le choix de vous maintenir dans cette pensée, d'encourager que vous êtes toujours la victime de quelqu'un d'autre. Quelque part, votre être sait que c'est exagéré ; vous pouvez continuer à vous saboter en ne relevant pas plus de défis dans votre vie ; c'est cela le drame.

Un excès de confiance peut s'avérer parfois aussi néfaste qu'un excès de méfiance et de doute. Être à l'écoute de vous n'est pas un luxe, c'est un outil essentiel à votre avancement. Vivre sans défis vous fait perdre le goût de la vie. Réaliser vos rêves vous donne des ailes dans votre cœur et augmente votre fierté. L'intuition, l'intégrité et, par le fait même, votre senti, mettront toutes les chances de votre côté afin de repérer les failles dans votre monologue intérieur.

Prenons comme exemple un être souffrant d'un manque d'amour et de confiance qui écoute des messages ressemblant un peu à ceci : « *Je suis aimé, les gens m'aiment à ma juste valeur, etc.* » Dès que l'être entend ces affirmations positives, la petite voix de son monologue intérieur lui dit à peu près ceci : « *Personne ne m'aime, encore hier on m'a critiqué, je rate souvent ce que j'entreprends, je suis rarement apprécié, mes efforts sont inutiles, ça ne fonctionnera jamais, etc.* » En comparant la teneur des deux messages, il devient évident que la voix du monologue intérieur défait ce que les affirmations positives de la cassette essaient de construire. Si la croyance profonde soutenue à propos de vous-même se situe à l'opposé des messages écoutés, ceci fera en sorte d'annuler l'influence que ces messages positifs pourraient avoir.

Comprenez-vous comment il est souhaitable et essentiel de vous observer objectivement ? Ces croyances jouent un rôle de premier plan dans l'élaboration des schèmes de pensée et de toutes les décisions qui en découlent dans la réalité. Leurs racines profondes leur donnent une force que bien peu d'êtres soupçonnent. Le monologue intérieur est souvent représentatif de ce que vous semez et cultivez dans votre vie. C'est la raison pour laquelle nous vous encourageons fortement à développer l'habitude de vous parler intérieurement avec amour et compassion. Faites preuve de tolérance, donnez-vous une petite tape d'encouragement dans le dos plutôt que de vous frapper sur la tête au moindre prétexte. Prendre l'habitude de vous traiter avec douceur pourrait, à la longue, faire toute la différence dans votre vie en modifiant petit à petit le contenu de votre monologue intérieur. Lorsqu'on craint constamment d'échouer, réussir procure rarement le sentiment profond d'avoir confiance en ses moyens. Il faut vous montrer à l'écoute du monologue intérieur si vous voulez être en mesure de le sortir de l'Ombre pour l'amener à la Lumière de votre conscience.

Vous pouvez accomplir beaucoup de bonnes et grandes choses au cours de votre vie tout en restant aux aguets du tourbillon négatif généré par votre monologue intérieur. Vous éprouverez ainsi la satisfaction profonde que procure l'accomplissement conscient de votre potentiel.

S'accepter dans ses forces et ses faiblesses

L'ensemble du phénomène de l'écoute de votre senti vous prodigue l'amour inconditionnel, la tendresse et l'encouragement. Nous désirons vous amener à la réalisation de votre plein potentiel. N'ayez pas honte de vous. N'oubliez personne, ne laissez pas traîner dans votre garde-robe des personnes que vous ne voudriez pas rencontrer tellement vous leur avez fait mal. Et ceci est différent pour chacun. Vous ne pouvez vous comparer aux autres, c'est votre conscience qui est votre guide.

Encore trop d'êtres se tiennent un monologue intérieur qui leur est défavorable, mais qui leur permet de ne pas avoir le courage de régler le passé. Donc, le maintien de la rancune devient une émotion essentielle dans l'inconscience. Parfois, sans même vous en rendre compte vous gardez délibérément les blâmes bien vivants, permettant ainsi de demeurer victime de vos actes à cause de l'autre. Les actes que vous posez, vous les posez, ce n'est pas quelqu'un d'autre qui les pose. Il faut apprendre à les voir comme des éléments factuels, comme lorsqu'il pleut, il serait difficile de nier que la pluie tombe. Ainsi, si vous volez quelqu'un, même si l'autre est riche, vous ne pouvez prétendre ne pas avoir commis ce vol. L'intégrité, c'est l'intégrité. Poser un geste, c'est poser un geste. Est-ce que c'est noir ou c'est blanc ? Avez-vous aidé ou trahi ? La vérité est simple, simple, simple. Sans demi-mesure, sans demi-ton, elle est, tout simplement. Votre bras est dans le plâtre. Il n'est pas un peu dans le plâtre, il l'est ou ne l'est pas. Il est trop facile de dire un peu, cela enlève la pleine responsabilité du geste commis. Si vous avez nui à l'autre en le plaçant dans une situation précaire, vous pouvez trouver toute sorte de prétexte pour diminuer votre responsabilité, tels « c'est pour une courte durée » ou encore « d'autres ont aussi contribué ». Mais il n'en demeure pas moins que la situation est simple : vous avez nui à cette personne.

Quand vous vous mentez juste un peu, c'est comme échapper un petit pot d'encre noire, l'encre s'étend, s'incruste dans le plancher ; vous frottez, mais cela reste là et vous le savez. Vous achetez un tapis, mais vous savez pourquoi vous l'avez placé exactement là ; il n'y a que vous qui le savez, mais vous le savez. Cette tache est là ; c'est la même chose pour votre conscience, vous pouvez la nier, faire semblant qu'elle n'est pas là, mais pendant ce temps, les suggestions de votre senti seront construites d'après la sensation réelle que vous éprouvez, et non celle que vous laissez croire ; elles ne sont alors pas du côté lumineux.

Voici un truc simple pour déceler la véritable teneur d'un discours intérieur : analysez de quelle façon vous répondez aux compliments qu'on vous adresse. Contredire systématiquement les compliments ou les banaliser indique peut-être que vous entretenez une image médiocre de vous ou que vous vous accordez peu de valeur. Cela équivaut à retourner du revers de la main le cadeau qui vous est offert parce que vous croyez que vous ne le méritez pas, parce que ce que vous avez fait n'était pas si incroyable que cela. Il est remarquable de constater que tant d'êtres désirent recevoir des compliments, mais que très peu les accueillent vraiment.

Refuser les compliments, c'est entretenir secrètement que vous ne les méritez pas. Peut-être qu'une part de vous sait que vous ne les méritez pas à cause de vos actions passées, et que par extrapolation, vous ne méritez sans doute pas non plus d'être aimé. Il est là le véritable prix à payer pour le manque d'intégrité. Ce qui fait de vous un homme devant Dieu ou votre conscience, est du même ordre. Pour y parvenir, il vous faut agir dans l'harmonie, même si cela vous demande beaucoup. Demeurer avec un manque d'intégrité sur la conscience est vraiment pénible, comme la tache d'encre noire qui ne s'efface pas. Il s'agit d'un bien triste constat.

Nous vous suggérons parfois de vous adresser à vos guides en leur demandant d'augmenter le «*volume*» de vos haut-parleurs; ceci vous permettra d'entendre plus facilement les messages provenant de votre monologue intérieur afin de pouvoir modifier en toute quiétude vos petits écarts. Au début, ils sont tous petits dans la pensée, il ne font encore aucun ravage dans votre vie. Mais dans l'engrenage de vos choix d'actions, ils prennent l'ampleur d'un désastre parce que vous n'agissez plus selon votre source lumineuse, mais selon les règles de «gagner à tout prix». Cependant, le prix réel, c'est le choix de votre conscience, il n'y en a pas d'autre.

Le problème avec le monologue intérieur parfois malicieux, c'est qu'à force d'habitude, vous ne le remarquez même plus. Il devient alors aussi banal qu'un bruit de fond auquel on ne prête aucune attention. Pourtant, le monologue intérieur peut constituer la fondation même d'une vie qui sera heureuse si l'harmonie règne entre l'amour de soi et le contenu de la conscience que vous souhaitez déployer dans votre quotidien. Si ce monologue repasse sans cesse des paroles liées aux blessures, aux blâmes, aux frustrations ou aux déceptions, alors la force de vie intérieure adoptera, elle aussi, la nature du contenu du monologue intérieur en vous éloignant de votre potentiel. Celui qui se sent démuni et impuissant n'aura probablement pas le réflexe d'aller quérir de l'aide de son senti.

Nous assistons souvent, au début, à un combat entre des affirmations opposées, comme par exemple «*J'ai de la valeur en tant qu'être*» et «*Je ne fais rien qui vaille*». Vous irez selon votre chemin, avançant parfois les yeux fermés. Il est tout à fait normal de ne pas obtenir la perfection du premier coup. Il faut vous donner de la latitude. Il est possible d'apprendre dans un climat agréable et avec un minimum d'anxiété à condition d'accepter d'emblée qu'il s'agit d'un processus évolutif composé d'essais et d'erreurs. Il est préférable de reconnaître consciemment ses forces et ses limites et de les accepter plutôt que de se demander mer et monde. Vous devez vous donner une chance d'exprimer votre authenticité de façon à développer davantage votre confiance en vous. Oui, l'authenticité vous donne une qualité d'être inégalée.

La confiance et l'amour s'acquièrent à travers l'acceptation et le pardon de vos inconsciences, de vos refus, de vos résistances et de vos entêtements. Ce n'est pas quand tout va bien que l'humain se réfère à sa source. Ce défi se présente à vous lorsque tous les éléments qui mènent au découragement sont là, et que vous choisissez volontairement de faire preuve d'intégrité et de sincérité par rapport à vous et à ceux qui vous sont proches. Nous aimerions attirer votre attention sur le fait que c'est l'interprétation que fait l'humain de la réalité qui rend la réalité discordante. La façon de réagir à une situation dépend en grande partie de l'interprétation que vous faites des événements. C'est souvent ce qui explique que deux individus ayant subi les foudres d'un parent colérique pourront réagir différemment quant à l'agressivité des autres. L'un réagira passivement alors que l'autre montera aux barricades.

Ces interprétations constituent généralement les aspects que l'âme désire expérimenter, comprendre et dépasser. Parfois, pour vous défaire d'interprétations trompeuses, il faut d'abord amplifier ce que vous avez vécu ou le diminuer en lui donnant peu d'importance pour ensuite vous ajuster à la réalité. De même, vous devez vous efforcer de comprendre la nature de la réalité des êtres qui vous entourent sans la confondre avec celle que vous souhaiteriez pour eux. L'âme touche au but de votre incarnation quand vous entendez plus souvent le monologue intérieur et que vous vous laissez moins influencer par les émotions donnant lieu aux actions et réactions. Ces dernières, à leur tour, dépendront moins des blessures du passé ou d'une interprétation malsaine des faits.

L'observation prend alors une place de choix en mettant en priorité le senti par rapport aux émotions. Ce choix est à refaire, encore et encore et encore. Le chemin vers la libération passe par l'analyse du monologue intérieur. Faites et refaites le choix de l'harmonie et du respect, autant par rapport à vous-même qu'aux autres, en leur laissant la liberté de comprendre et de grandir à leur propre rythme, et ce, même si cela implique un éloignement temporaire ou permanent. C'est l'humble chemin de l'humain qui vous mènera au Divin.

Chapitre 7

Attention à l'émotivité

Génératrice d'impulsivité

Il existe une sorte d'impatience dans le but d'atteindre immédiatement la perfection comme si vous viviez votre dernière incarnation. L'âme est au diapason de la source et servir est son principe. Avez-vous déjà vu une âme demander à se reposer, à ne plus vouloir comprendre, prendre enfin une pause ou de vous dire : « Seigneur, vous savez, j'en ai assez fait ! »

Le désir de confronter, de pousser au conflit, pour prouver que vous avez raison, peut appartenir à l'émotivité plus qu'à la volonté de régler la situation sous tous ses angles. Combien de couples se séparent sur un coup de tête ? Combien de conflits familiaux entre frères et sœurs proviennent du manque d'analyse ? Combien d'amis se froissent sans raison valable et combien de démissions se donnent sans réflexion ? L'émotivité est mauvaise conseillère. Elle a tendance à juger d'une situation sur la base des rejets accumulés et des frustrations refoulées sans égard à la part de responsabilité de la personne impliquée.

Pourtant, vous avez besoin de la force de l'émotivité pour vous réaliser, parce qu'elle vous propulse dans une volonté d'aboutir au résultat. L'entêtement comme la persévérance vous aident à garder votre objectif. Si vous avez raison et que votre idée est claire, vous aurez besoin de perspicacité pour vous affirmer, de votre discernement pour vous taire, de votre logique pour bien analyser les angles. Vous ne pouvez permettre à votre émotivité de gambader sans la laisse de votre conscience et de votre intention d'harmonie. Comme l'ego, l'émotivité a un aspect fonceur et elle ne fait pas seulement sentir sa présence en situation de conflit.

Imaginons un instant que vous êtes le gérant d'une petite entreprise. Depuis quelque temps, vous êtes non seulement sollicité par les clients, mais aussi par vos employés mécontents de leurs conditions de travail. Comme vous avez peur de perdre des contrats, la panique s'empare de vous. Vous devenez sujet à des sautes d'humeur. Habituellement, vous parvenez à trouver un consensus avec vos clients et vos employés mais, depuis quelques mois, cela devient de plus en plus difficile. La complicité et la bonne entente semblent se faire de plus en plus rare. Par ailleurs, vous venez d'apprendre qu'un de vos parents est atteint d'un cancer très avancé. L'annonce de la mort prochaine d'un proche vient s'ajouter à l'anxiété vécue au travail et rejaillit inévitablement sur l'ambiance qui règne au foyer. Aux prises avec de graves soucis, vous manquez de patience et d'objectivité. Bien que vous ressentiez que les choses se replaceront dans le futur, ce n'est pas à cette partie de votre être que vous accordez le plus d'importance. Vous trouvez de plus en plus alléchante l'idée de tout abandonner pour repartir à neuf dans un autre domaine. Même votre relation de couple est remise en question tellement le climat est maintenant tendu. L'idée de tout laisser derrière vous s'impose de plus en plus à votre esprit parce que c'est la courbe que vous connaissez le plus. Plus vous vivez un état de détresse, d'anxiété et de peur parce que vous avez vraiment peur plus vous manquez de confiance en vous comme en votre entourage. Tout est mêlé, la fuite semble la seule issue.

Quand le choix est fait, quand les liens d'abandon sont perçus, quand les frustrations ont conquis votre cœur, même si cela est négatif pour vous, cela ne fait pas le poids, le détachement se fait et tout votre être se modifie aux changements désirés. L'émotivité et tous les attributs de votre personnalité, avec votre collaboration, car cela ne peut se passer autrement, déclencheront un processus de non-retour pendant tout le temps que vous voudrez, c'est-à-dire tant que l'émotivité du départ est soutenue. Il ne peut y avoir d'analyse saine et de partage de responsabilités. N'oubliez pas que c'est vous notre patron. L'intuition de votre conscience peut se retirer momentanément, donnant toute la place à une grande leçon de vie que votre âme souhaite ardemment.

Ce processus de changement vous amènera à vous replier sur vous-même, convaincu que toute communication est devenue inutile. Votre esprit rêve en pensant à votre nouvelle carrière ainsi qu'à vos nouvelles relations, tant d'amitié que d'amour, puisque l'on vous a laissé tomber. Personne ne vous comprend. Vous songez aux nouveaux amis que vous ne manquerez pas de vous faire. Tout est possible maintenant. Vous pensez à vous rapprocher de vos frères et sœurs que vous critiquez tant habituellement, mais qui vous donneront sûrement leur approbation dans ces moments si difficiles. En un mot, celui qui veut se bercer d'illusions enfermées dans un cocon de non-dits a toute la latitude et l'approbation avec les blessures et les frustrations accumulées.

Il arrive parfois qu'en quête d'harmonie, vous ne savez plus où donner de la tête devant autant de suggestions contradictoires venant de sources différentes. Il existe cependant quelques points de repère pouvant vous aider à déterminer la véritable provenance d'une proposition. L'émotivité a intérêt à ce que vous passiez rapidement à l'action de façon à ce que vous n'ayez pas le temps d'entendre le message de la partie sensée ou de réfléchir avant d'agir. Toute sensation intérieure d'empressement ou d'impulsivité incitant à ne pas tenir compte des conséquences d'un geste provient habituellement de l'émotivité. Elle dirige votre intuition dans différentes zones nébuleuses si votre émotivité l'est. Si votre émotivité est empreinte d'une intention d'harmonie, l'intuition s'installera dans cette zone.

Vous devez vous montrer particulièrement vigilant lorsqu'une forte émotion vous déstabilise temporairement, car ce n'est habituellement pas le temps de commettre une action que vous regretteriez sans doute plus tard. C'est presque toujours le manque de réflexion qui est en cause lorsqu'un geste ajoute aux difficultés déjà présentes plutôt que les diminuer. Lorsque vous passez à l'action sous le coup d'une émotivité trop forte, qu'elle soit à teneur positive comme accorder sans réserve une confiance aveugle ou négative et agir sous le saut d'un découragement, vous en récolterez plus souvent qu'autrement les inconvénients. Il faut apprendre à projeter dans le temps les conséquences possibles d'un choix. C'est votre sauvegarde. C'est votre intuition qui, sous cet angle, ne peut que correspondre à ce qu'il y a de plus élevé en vous. Sur le coup, si vous trouvez amusante l'idée de poser un geste, en serez-vous toujours fier en bout de ligne ? Allez-vous le regretter dans le futur ?

L'émotivité désire habituellement gagner à tout prix, entraînant souvent une grande détresse à long terme comparativement au petit moment de gloire que vous procure l'attrait d'un mirage de satisfaction rapide. Lorsque l'émotivité vous tenaille, vous risquez de confondre un événement banal avec un signe ou un indice d'approbation indiquant la bonne marche à suivre. Ces indices, qui vous parviennent lorsque vous êtes imprégné d'émotivité, servent très souvent votre besoin de vous convaincre pour camoufler les actions exagérées qui ne vous semblent pas tout à fait saines, mais que vous n'êtes pas prêt à écouter. Si vous demandez d'être guidé pour tempérer la fougue d'une émotivité entreprenante, vous venez de gagner une belle victoire. S'il vous plaît, prenez le temps de la savourer, vous le méritez bien.

Génératrice de certitudes

Au départ, une partie de vous sait pourtant qu'il y a quelque chose qui cloche et que vous agissez pour sauver votre peau. Dans les circonstances, vous considérez que vous avez le droit d'agir ainsi, même si l'entourage peut en subir les conséquences, car vos souffrances antérieures justifient amplement le fait que vous dépassiez les bornes en contactant la partie de vous sans pitié. En agissant ainsi, vous offrez le même sort à votre entourage, mais vous ne remettez pas nécessairement la monnaie de la pièce à la bonne personne. Sachez que tous ceux qui vous ont fait du tort au cours de votre vie ne sont pas ceux qui feront votre libération. Enfin, en agissant ainsi, vous croyez choisir d'être heureux ! Vous pensez mettre fin à l'attitude de victime qui prend tous les torts sur son dos. Inconsciemment, vous cherchez quelqu'un qui doit payer pour tous les autres !

Puis, la déception, la peine, l'abandon prennent toute la place, à la suite de cette colère qui vous a trop longtemps habité, mais les êtres qui ont engendré ce vide intérieur seront rarement punis. C'est là qu'un jour votre âme pleure, quelqu'un devient le bouc émissaire de toutes les humiliations que vous avez vécues. Pour un professeur qui a subi l'autorité, ce sera ses élèves. Pour un policier, ce sera les voleurs qu'il va incarcérer. Pour un avocat qui a été accusé injustement dans la famille, ce sera de prendre les causes où il sortira des innocents de leurs accusations. Pour l'enfant qui a vécu de la violence, ce sera de ne jamais lever le ton. Pour l'enfant qui a été abandonné, ce sera de ne jamais dire non en tant que parent. Pour l'agressé sexuellement, ce sera de devenir travailleur social. Pour un autre agressé, ce sera de devenir agresseur à son tour.

Qui détermine quoi ? C'est votre libération et vous allez, s'il le faut, convaincre Dieu en personne tant que vous êtes sûr de vous. Vous savez où le bât blesse et tant que vous croyez que vous avez le droit de vous en prendre aux autres, vous aurez le droit parce que vous vous en donnez le droit. Vous êtes Dieu dans votre univers. Il est grandement souhaitable de vous montrer vigilant. Il est important de savoir déceler comment vous en êtes arrivé à glisser subtilement sur la pente menant parfois à la catastrophe. Vous pouvez repérer l'émotivité qui vous habite et rester en harmonie afin de ne pas faire vivre aux autres ce que vous avez vécu et cela deviendra une force immuable en vous. Peut-être que la colère de l'humiliation vous habite, comme le jeune dans les groupes ou gangs de rue qui doit prouver quelque chose, comme celui qui fut battu dans la cour d'école ou celui qui a fait rire de lui à cause de son acné.

Sans vouloir vous blesser ou vous choquer, il est probable qu'au moins une fois dans votre vie, quelqu'un a reçu de vous de l'énergie négative plus ou moins destructrice qu'il ne méritait pas. Pourquoi ? Pourquoi devenir bourreau à un moment donné ? Pourquoi perdre le lien avec vos valeurs ? Pourquoi agir de la manière que vous avez toujours condamnée ? Tout cela arrive quand vous n'êtes pas fier de vous, quand vous ne vous sentez pas à la hauteur ou que vous vous en demandez trop, quand vous ne choisissez pas de vous reposer, que vous travaillez trop. Le négatif a plusieurs couleurs. Pour un ce sera de ne pas se reposer, pour l'autre ce sera de poursuivre le travail parce qu'il a été trop négligent.

Génératrice d'actions irréfléchies

Vous seriez étonné de constater la nature des pensées qui fusent dans votre tête si vous aviez la possibilité de brancher votre cerveau à une machine capable de lire vos pensées et de vous les décrire. Vous seriez vraiment surpris. Plus vous voulez bien faire, plus vous pouvez vous en demander et ne pas être réaliste. Dès que les émotions, réactions et actions décrites envahissent votre être, ce n'est plus l'âme, le cœur, l'ange gardien qui guident vos agissements et, temporairement, ce ne sera pas les mêmes énergies qui guideront vos pas ou ce que vous percevrez comme votre intuition. Vos gestes sont ce qui vous représentent dans la matière. Les gestes correspondent à des conséquences qui ne viennent pas de Dieu mais de vos choix.

C'est pourquoi l'expérience de la matière semble si ardue. Pourtant, elle est conséquente, c'est tout. Vous êtes gentil, vous ne feriez pas de mal à une mouche, mais vous avez la fâcheuse habitude de fumer. De plus, il y a une faiblesse génétique dans votre famille, et vous apprenez que vous avez le cancer des poumons. Vous comprenez, oui, vous êtes une personne extraordinaire et votre faiblesse pulmonaire ne vous permet pas de fumer. Le fait d'être atteint d'une maladie n'a rien à voir avec votre personnalité, ce sont deux univers différents.

Il n'est pas facile de séparer les actions pour le bien-être de votre corps des actions qui ne sont pas en concordance avec vos faiblesses et qui appartiennent au monde physique. Vous êtes prudent d'habitude lors de relations sexuelles, mais à une occasion, dans l'excitation du moment, vous vous dites que pour une fois ce n'est pas grave ; alors vous ne prenez pas vos précautions. Vous en avez toujours pris auparavant et il ne vous est jamais rien arrivé. Au cours d'un examen vous apprenez que vous avez contracté une maladie. Vous avez pourtant toujours fait attention ! Eh oui ! nous comprenons votre colère. Dans une déception, vous placez deux éléments qui ne vont pas ensemble. C'est une sorte de pensée magique masquée, comme si vous disiez : « *Je fais du bien autour de moi donc je ne devrais pas avoir de panne d'essence, je vais attendre un peu avant de passer à la station d'essence.* »

Vous êtes frustré, nous compatissons avec vous. Sommes-nous fâchés contre vous ? Non. Pourtant vous vous dites : « Pourquoi le ciel me tombe-t-il sur la tête ? ». En dépit de tout notre amour, nous sommes limités par vos actions. Être réaliste et conséquent ne vous pose habituellement pas de problème, mais il vous arrive de bâtir sous le couvert d'une interprétation qui n'est pas sensée et cela est souvent garant d'un échec en devenir malgré l'être extraordinaire que vous êtes. Soyez conscient qu'il en est de même pour nous. Donnez-nous notre vraie place et choisissez l'harmonie. Demandez la conscience d'harmonie, l'humilité de vous aimer dans vos limites et dans vos forces. Vous ne demanderiez pas à un plombier de se changer en électricien parce qu'il est là et que vous avez un problème électrique. Chacun a sa place dans l'univers, prenez la bonne place dans votre univers. Vous êtes unique et parfait tel que vous êtes, inutile d'en ajouter. Approchez-vous de la conscience la plus élevée possible. C'est ce que nous vous souhaitons et c'est ce qui est possible et réaliste pour vous.

Génératrice d'illusion

Le but de la conscience est d'apprendre à prévenir, à devenir visionnaire pour vous-même, à travers la personnalité et l'ego, d'aspirer à devenir responsable en prenant le temps d'évaluer l'impact qu'aura possiblement une parole ou un geste ou voir comment vous pouvez agir afin de retrouver l'harmonie. Une saine réflexion permet de déterminer si un geste génèrera de l'harmonie ou de la discorde ; le sentiment intérieur ressenti en présence de chacun est tellement différent !

Prendre l'habitude de penser avant d'agir vous porte garant d'un futur prometteur puisque, par vos choix et actions, votre présent intensifie un futur harmonieux. Prendre vos distances par rapport au brouhaha de la vie quotidienne permet une saine observation des tangentes et des habitudes qui, éventuellement, créent votre réalité.

La portion rebelle de l'ego commence à perdre son emprise dès que votre être se tourne vers ce qu'il y a de divin en vous. En faire un atout en cessant de jouer à cache-cache avec ce que vous croyez inacceptable de vous, c'est de cela dont il s'agit lorsque nous parlons d'amour inconditionnel : s'accepter tel que vous êtes, avec vos parties lumineuses et celles qui le sont moins. Lorsque l'être s'interroge sur une action à accomplir, la première réponse qui lui vient à l'esprit provient habituellement de la partie dite « sensée ». Puis, la partie « rébarbative » peut dire non, juste pour le plaisir de dire non. Elle est souvent suivie de la partie « rebelle », talonnée de près par la partie « destructrice » ou « illusion ».

Prenons comme exemple le fait que vous avez projeté de laver les vitres de la maison. Dès le réveil, ce matin-là, vous ressentez déjà la clarté. Vous songez à vous lever et à emboîter le pas. Puis, vient une petite hésitation et vous décidez de profiter du confort de votre lit quelques minutes de plus. Durant ce court instant, la dernière semaine de travail vous revient à l'esprit. Vous considérez qu'après une aussi grosse semaine, vous avez bien mérité de vous reposer un peu. C'est le petit « non » qui vient de s'exprimer, tout doucement. Profitant de ces instants additionnels de repos, vous pensez que vos enfants pourraient accomplir cette tâche puisqu'ils ne participent généralement pas aux travaux domestiques ; vous êtes bien trop conciliant avec eux. Dès qu'ils se lèveront, vous êtes décidé à ne pas vous laisser marcher sur les pieds ; il est temps que ça bouge ici et vous n'accepterez pas un non comme réponse ! Le rebelle vient de s'exprimer mais avec de bonnes intentions : « *Je ne le ferai pas, je le donne à mes enfants, ce n'est pas une mauvaise idée.* » Tout en continuant à vous reposer, vous songez que les vitres ne sont pas si sales après tout et que, de toute façon, ce travail n'est pas essentiel à votre qualité de vie et ce sera plus agréable si vos enfants s'en occupaient. Vous entendez déjà les arguments fuser de toute part. En fait, vous n'avez plus envie d'accomplir cette tâche. Au début, vous étiez bien sincère et vous étiez fier de vous en ressentant déjà le résultat.

En ressentant le travail à faire, l'illusion a pris la place de l'effort. L'énergie de l'illusion vous a tout pris et c'est vrai. La vitalité de laver vos fenêtres a disparu. Cet enchaînement de réponses constitue principalement la raison pour laquelle vous manquez d'énergie pour créer. Le mental répond majoritairement aux questions, soit en respectant votre engagement si la logique prend le dessus, soit en trouvant des excuses pour ne pas le faire. Nous aimons comparer l'illusion à une sorte de pensée magique consistant à croire que tout se fait pratiquement comme par enchantement, sans effort et sans tenir compte de la réalité ou des lois de la nature.

Prenons un autre exemple : vous êtes un étudiant en phase préparatoire à vos examens finaux. Au lieu d'étudier en prévision d'un examen, vous explorez les nouvelles fonctions d'un jeu vidéo. Vous flânez et faites comme si vous étiez au-dessus de vos affaires. De fait, vous ressentez une grande angoisse, mais vous tentez de la fuir dans des activités distrayantes. Néanmoins, la distraction n'apporte aucun soulagement aux malaises physiques qui s'intensifient au fur et à mesure que se rapproche la date de l'examen. Vous n'êtes pas prêt et vous le savez. Vous avez peur, mais vous refusez de l'admettre. Vous agissez comme l'autruche qui se cache la tête dans le sable, pensant se trouver à l'abri du danger. C'est ça une illusion : se penser à l'abri ou au-dessus.

L'illusion peut vous soumettre l'idée de vous détendre en jouant au jeu vidéo, mais le jeu ne vous donne pas les réponses de l'examen ; alors, c'est normal que vous soyez nerveux, découragé de ne pas avancer. Mais comme vous n'êtes pas calmé, vous jouez une autre partie. Ceux qui vous accompagnent vous inciteront à penser à votre examen, faisant augmenter votre niveau d'angoisse, relié à la matière à apprendre, lorsque vous jouerez au jeu jusqu'à ce que vous entendiez : « Cela n'a pas de bon sens, va étudier mon homme ! »

Encore un autre exemple : vous caressez le projet de posséder votre propre restaurant. Avant de vous endormir, vous échafaudez des plans. Vous vous voyez déjà réaliser votre projet avec toute l'aide appropriée, ne rencontrant aucune embûche. Fébrile, votre enthousiasme est tel que vous éprouvez de la difficulté à vous endormir. Le lendemain matin, vous vous sentez tellement fatigué que vous n'avez plus l'énergie nécessaire pour passer à l'action. Les choses se passent comme si le rêve avait grugé toute votre énergie. Il ne vous en reste plus assez pour concrétiser votre projet. Le ballon s'est dégonflé ! Pourtant, tout était si parfait dans votre rêve...

On ne peut transposer l'énergie du rêve dans la réalité, car la matière impose des limites qui font appel à la ténacité et à la persévérance. L'énergie du rêve et l'illusion survivent rarement au choc de la réalité. Nous ne pouvons vous bercer d'illusions. Certes, vous vous réconfortez par des pensées chaleureuses démontrant que vous vous trouvez sur la bonne voie, mais l'illusion ne vous dispensera pas de fournir un effort lorsque nécessaire. Elle vous insufflera plutôt une confiance aveugle en l'avenir. Et la confiance aveugle, ce n'est pas la foi et la confiance. Elle manque de réalisme, de points de repère et elle vous promène entre l'extase et le découragement, d'un extrême à l'autre. L'illusion n'est pas neutre et paisible et elle vous promet un changement de vie radicale et non pas progressif. Elle ne vous encouragera pas à persévérer malgré les embûches, parce que selon son point de vue, il n'y en aura pas et tout sera réglé soudainement, mais souvent avec le mauvais outil.

Les illusions suivent l'énergie et les pensées créant la banalisation des conséquences d'un acte. Elles les aplannissent, en déformant ainsi substantiellement la réalité. Elles prennent parfois la forme de promesses, de récompenses mirobolantes instantanées tandis qu'il n'y aura aucun effort à fournir. L'humain ne s'en rend pas compte puisqu'il porte en lui le désir inconscient d'être sauvé. Ce désir ne serait pas épouvantable en soi, si ce n'était du fait que, pendant que vous croyez à un impossible que vous rendez réel, cet impossible prend la place de ce qui pourrait vous amener à votre accomplissement.

Les propositions venant de l'intuition, au contraire, tiennent compte de tous les éléments présents et s'avèreront excellentes à court, moyen et long termes : pas de remords, que de la fierté à respecter votre environnement comme vous-même. Pourquoi pas ? Une saine analyse des choix montre que les décisions qui créent des problèmes à long terme sont habituellement celles qui apportent la satisfaction la plus immédiate au moment de passer à l'action.

Heureusement, la réalité rattrape toujours l'illusion qui vous a ébloui. La punition divine n'existe pas. La vie est simplement régie par la voie du gros bon sens. Vous n'acquittez pas vos comptes, alors ils s'accumulent. Vous oubliez de faire votre lavage, alors vous n'aurez plus rien à porter. La vie c'est, ni plus ni moins, la réalité dans la matière. Il n'est pas facile de débusquer certaines de vos illusions puisque l'expérience de votre vie consiste à les côtoyer pour les discerner. Par ailleurs, tous les humains sont différents et ils n'ont pas tous les mêmes observations à faire ; par conséquent, ils ne relèvent pas tous les mêmes défis. Certains êtres seront davantage à l'écoute de la partie négative, n'étant pas conscients de la réalité de l'autre, et c'est seulement cela qui les distingue réellement les uns des autres : la conscience de l'autre. Sous l'emprise d'idées négatives, les êtres se trouvent parfois à prendre dans leur entourage beaucoup plus qu'ils ne donnent. Le bien-être d'autrui ne figure pas en tête de liste de leurs préoccupations.

Comme dans toute autre chose, il existe des degrés et des variantes à l'infini. Il existe des êtres qui, malheureusement, ont développé l'habitude de tout retourner contre eux-mêmes. Ils ont tendance à se diminuer, à sentir qu'ils se font avoir, ils sont paralysés sous l'effet du doute. Ils ne font de mal à personne sauf à eux-mêmes. Pour eux, la vie est tout un défi, car ils n'ont aucune malice. D'autres, par contre, exploiteront sans gêne toute opportunité qui leur sera offerte d'abuser d'une situation, d'une personne ou du système, ne prenant souvent ni engagement ni responsabilité quant à leurs actes, se moquant parfois de tout. Il n'est pas rare d'ailleurs de voir ces êtres adhérer à des causes, tant nobles que destructrices, uniquement pour assouvir leur soif de pouvoir et de domination.

L'expérience terrestre offre l'occasion de côtoyer toute une panoplie d'êtres guidés par différentes forces allant des plus lumineuses aux plus nébuleuses. En comparaison avec les comportements que nous venons de décrire, l'illusion peut paraître bien inoffensive. Elle ne l'est surtout pas. L'illusion se manifeste généralement sous la forme d'une certaine naïveté, d'une trop grande bonté, d'une négligence à se protéger adéquatement ou encore sous la forme d'une accoutumance. Mais, selon nous, l'illusion la plus sournoise consiste à demander à un autre être – un parent, un enfant, un conjoint, un ami, le gouvernement, les anges ou Dieu lui-même – d'assumer la responsabilité et les conséquences de ses propres actes. Celui qui est aux prises avec ce genre d'illusion donne probablement le plus de fil à retordre aux aides invisibles, d'une certaine façon, puisque rien ne les affecte ! Mais cela fait partie intégrante du cheminement vers la véritable prise de responsabilité.

En sortir par le discernement

L'intuition, c'est le bien-être de l'être qui mène droit au cœur, tandis que l'émotivité, elle, ne pense généralement qu'à sa propre gratification. Pour éloigner l'émotivité, des aide-mémoire discrets installés un peu partout dans la maison ou au travail constituent un excellent incitatif. Ils peuvent prendre la forme d'initiales, d'autocollant, de note dans l'agenda ou à l'écran d'ordinateur, de breloque ou de porte-clés. Pourquoi ne pas augmenter vos chances de réussite en adoptant des trucs susceptibles de vous aider à développer l'habitude d'appeler à la rescousse lorsque le besoin s'en fait sentir ? Ce n'est pas de la dépendance au Divin, cela est impossible. C'est de déclencher en vous un réflexe de réflexion et d'harmonie. Développez l'automatisme de vous référer à ceux qui vous guident. Vous aurez alors la chance d'entendre d'autres suggestions que celles provenant de l'émotivité ou du monologue intérieur. Se tourner vers votre intuition, vos aides, équivaut, en fait, à prendre vos distances par rapport à votre propre émotivité.

Si, en temps normal, vous avez tout intérêt à suivre les suggestions de ceux qui vous veulent du bien, comme votre meilleur ami, alors pourquoi ne pas vous référer plus souvent à ceux qui vous guident et vous aiment inconditionnellement ? Après tout, nous sommes à votre service, vingt-quatre heures par jour, sept jours sur sept, beau temps, mauvais temps.

Après avoir longtemps réagi sous le coup d'une émotivité, vous trouverez peut-être compliqué d'apprendre à gérer vos émotions ou à modifier votre façon de faire. Pourtant, apprendre à gérer, c'est apprendre à penser avant d'agir. En quête de bonheur et d'harmonie, vous ne pourrez atteindre totalement vos buts sans développer l'habitude de gérer vos émotions. Comprendre et gérer vos émotions pour apprendre à choisir consciemment la voie de votre paix intérieure font partie de tous les plans de vie. Vous êtes appelé à développer l'habitude de dialoguer avec nous comme vous le feriez avec un allié ou un ami dont la présence se veut constante et rassurante. Une communication fréquente favorisera un lien étroit qui deviendra éventuellement une seconde nature.

Vous posséderez déjà le réflexe de consulter avant de poser un geste ou de prendre une décision importante. Il ne vous reste qu'à prendre davantage confiance en la réponse transmise par votre voix intérieure. Peu à peu, la confiance remplacera le doute. C'est alors que vous pourrez prendre le plein contrôle de votre existence au fur et à mesure que vous polirez les aspects rugueux dans lesquels votre émotivité vous projette si facilement parfois. Ce ne doit pas être un combat, mais une habitude d'être avec votre être, sans prétention, sans tambour ni trompette. L'immense satisfaction de vivre votre vie ne devrait pas être un luxe, mais une priorité d'être comme d'avoir de bonnes lunettes si votre vue s'affaiblit.

Lorsque la communication avec nous s'établit, elle s'accompagne presque toujours d'une sensation de chaleur, d'un désir de lâcher prise et d'un sentiment de bien-être. Les messages sont toujours empreints d'humilité. Ils invitent régulièrement à la discrétion, car vous ne ressentez pas le besoin d'ébruiter la nouvelle. Le sentiment de paix intérieure qui s'installe en vous vous incite plus souvent à savourer la tranquillité. Nous prônons les vertus de la patience. Nous tentons de vous inciter à tenir compte du fait qu'emprunter les raccourcis engendre parfois plus d'embûches que suivre le chemin qui semble le plus ardu. Prenez le temps de bien faire les choses, les réparations vites faites risquent de causer davantage de dommages et d'amplifier le problème.

Si nous devions résumer tout ce qui précède, nous dirions qu'il faut retenir que l'émotivité utilise l'impulsivité pour vous bousculer, en vous poussant à agir rapidement, sans réfléchir. L'émotivité teinte souvent le raisonnement en isolant les événements les uns des autres, comme si rien d'autre n'avait existé auparavant, ni complicité, ni amour, ni entraide. Elle répond habituellement à la colère par la colère en nourrissant la rancune et en incitant à la vengeance. Ressentir un fort besoin de justifier une décision constitue le premier indice que cette décision ne reflète probablement pas une vérité intérieure.

Nous désirons insister sur le fait que l'émotivité ne constitue pas en soi une énergie négative. C'est plutôt l'usage que vous en faites, avec la force de l'impulsivité ou la tendance à manquer d'intégrité qui fait quelquefois tourner la sauce. Lorsque l'émotivité se trouve guidée par la franchise ainsi que par le respect des forces et des limites, vous parvenez alors à l'exprimer positivement dans la matière, à travers une belle force de caractère. Un bon capitaine consulte les étoiles avant de pointer son gouvernail dans une certaine direction. Nous vous encourageons à faire de même. Ne laissez pas l'émotivité vous mener en galère. Prenez dès aujourd'hui l'habitude de consulter tous ceux qui sont à votre service sous le digne et humble couvercle de l'intuition avant de passer à l'action, puisque c'est vous le capitaine du navire tout au long de cet extraordinaire voyage que constitue l'incarnation.

Depuis le début de votre vie, bébé, enfant, et parfois même adulte, vous recherchez ou attendez un miracle. La difficulté n'est pas de croire au miracle en lui-même, parce qu'il y en aura au cours de votre vie, c'est d'oublier de collaborer en demandant si vous pouvez faire un petit quelque chose qui facilitera le miracle. Une partie de votre être souhaite ardemment l'arrivée d'un sauveur autant que vous souhaitez l'être pour quelqu'un, du moins pendant un certain temps de vie jusqu'à ce que vous vous rendiez compte que vous ne pouvez que vous sauver vous-même. Cette tendance se manifeste dans la recherche de l'amour par un être unique vous apportant un bonheur sans faille.

Vous avez besoin de recevoir pour grandir, tout comme vous avez besoin d'air pour respirer. Personne n'osera dire « *Tu es dépendant de l'air, viens faire une thérapie* ». Cela ne se peut pas, n'est-ce pas ? Le besoin de recevoir ne correspond pas à une situation de dépendance, mais il représente le besoin d'échanger des éléments pouvant favoriser votre cheminement. Ainsi, toute forme de vie est susceptible de contribuer à l'épanouissement de votre être. C'est à travers l'apprentissage des échanges mutuels, comme vous avec nous, que vous devenez éventuellement pleinement autonome et responsable.

Par l'apprentissage du discernement, vous devenez alerte par rapport aux pièges de votre émotivité. Dès le début de votre vie, vous êtes plongé dans une situation de dépendance quant à votre environnement puisque vous avez besoin d'aide comme de soutien pour manger ou dormir, pour vous changer de couche et vous laver, pour vous couvrir ou vous transporter d'un endroit à l'autre. Il est donc tout à fait normal que le désir inconscient d'être sauvé soit présent de temps en temps. Le fait de croire en une pensée magique est parfois légitime puisque votre provenance vient du Divin et, à ce niveau très élevé de vibration, la pensée crée instantanément, comme par enchantement. Vous possédez inconsciemment cette connaissance, quelque part vous en avez le souvenir en vous.

Cependant, la matière impose des limitations dont vous devez tenir compte, comme le temps, la distance, les moyens de transport. En devenant conscient, vous réalisez que vous vous promenez entre deux réalités, la réalité humaine (terrestre) et la réalité Divine, et vous discernez ce qui appartient aux lois de la Terre et ce qui appartient aux lois divines. Dans votre recherche d'autonomie, il vous arrive parfois de croire que votre bonheur dépend d'un autre être. Alors, comme l'oisillon, vous ouvrez le bec en attendant une nourriture, réclamant à grands cris. Cette part de vous adhère pendant un certain temps à la croyance que l'environnement de la Terre comme du Ciel ont l'obligation de répondre à vos demandes.

Voilà pourquoi il y a tant de rancune et de colère lors de ruptures, qu'elles soient amoureuses, amicales, professionnelles ou avec votre cheminement spirituel. La souffrance et la déception ressenties dans votre être peuvent être si douloureuses que tous les coups sont permis, temporairement évidemment. Faire dépendre votre bonheur des actions d'un autre être mène souvent à une amère déception. Alors si celui ou celle qui devait vous rendre heureux faillit à la tâche, vous vous permettrez de critiquer et de blâmer celui ou celle qui n'a pas été à la hauteur de vos aspirations. Cela se vit dans les deux sens et cela se vit dans l'amitié, dans la famille, avec vos propres enfants ou encore avec un collègue de travail. Cette autre façon de faire confiance à autrui fait également partie de l'apprentissage de votre prise en charge.

Le respect véritable entre deux êtres consiste à voir et à accepter sans chercher à s'humilier les limites de chacun et à déceler l'énergie du rêve et de l'illusion qui possède plus d'un tour dans son sac pour se faufiler insidieusement dans votre quotidien.

Supposons que vous venez de mettre un terme à une relation amoureuse difficile. Votre niveau de confiance et d'estime de soi ayant beaucoup diminué à la suite de cette rupture, vous vous inscrivez à une série de cours en vue d'obtenir un diplôme et un titre reconnu. Vous vous identifiez au professeur dont vous admirez l'assurance. Inconsciemment, vous établissez un lien entre votre manque de confiance et l'assurance du professeur.

Votre besoin de vous sentir aimé et admiré trouve également écho dans la notoriété dont ce professeur jouit. L'illusion prend racine lorsque vous venez à penser que les qualités que vous admirez chez votre professeur rejailliront automatiquement sur vous quand vous aurez obtenu le titre convoité et la notoriété qui s'en suit. Le manque d'amour que vous avez connu vous amène à embellir la réalité, persuadé de bénéficier de la même admiration en suivant les traces de votre professeur. Vos blessures du passé vous amènent à croire inconsciemment qu'un titre de compétence et un diplôme vont vous aider à regagner le respect des êtres qui vous ont trahi.

Dans cet exemple, le désir d'exercer cette profession peut correspondre davantage à un manque d'amour qu'à une réelle mission de l'âme. Que se cache-t-il derrière un fort désir de changement ? Les titres et la gloire ne suffisent pas à combler un vide intérieur. C'est pourquoi recevoir tous les honneurs possibles et ne pas éprouver une véritable satisfaction se vit très souvent. Tous les trophées n'ont guère d'importance si vous ne ressentez pas sincèrement une réelle fierté à l'égard de vous-même.

L'illusion peut parfois atteindre un sommet aussi inquiétant que celui de remettre votre pouvoir entier à des éléments extérieurs. Les trophées, ou la quête de reconnaissance, vous mèneront tôt ou tard à constater que vous avez remis votre pouvoir entre les mains d'un imposteur déguisé, par exemple, sous la forme d'un titre ou d'une récompense. Toutefois, c'est en poursuivant sans cesse le but de comprendre à travers l'expérience que vous remettrez l'importance à sa juste place.

Conclusion

Le monde terrestre, un laboratoire d'expériences

L'illusion propose une façon de voir l'avenir en rose. Les scénarios qu'elle suggère ne comportent généralement ni entrave ni embûche. Selon elle, tout se déroulera parfaitement au royaume de la pensée magique.

L'expérience, c'est la confrontation du rêve avec la réalité. Discerner le rêve de la réalité offre une incroyable occasion d'évoluer en acceptant de vous questionner au sujet des motivations réelles qui vous ont amené à vous laisser emporter. Avez-vous confondu votre besoin de reconnaissance avec un manque affectif? Êtes-vous motivé par un besoin de compenser une humiliation subie dans le passé? Seule la véritable connaissance de soi vous permet de comprendre les mécanismes qui conduisent vers l'illusion. L'âme vient faire l'apprentissage du discernement en expérimentant différentes situations et ambiances émotives dans le but d'en arriver à faire des choix éclairés, harmonieux, et d'acquérir de nouvelles habitudes. Voilà en quoi consiste la réussite du plan de vie.

Les objectifs du plan de vie visent toujours à ce que l'être devienne de plus en plus conscient de l'autre sans se perdre. C'est toute une aventure. Prendre conscience de la portée du libre arbitre transforme cette expérience en quelque chose de réellement passionnant et excitant. Nous éprouvons un immense respect envers le courage dont vous faites preuve. Vous passerez d'une énergie de soumission à celle de la confiance à vos choix et en vous-même. Vous vivrez également les étapes d'une trop grande générosité, d'une confiance aveugle et de méfiance. Vous serez victime et bourreau à tour de rôle. Vous ferez passer vos intérêts avant ceux des autres jusqu'à ce qu'il y ait un équilibre. Vous serez sûrement ébloui par quelqu'un qui deviendra votre sauveur. Vous serez identifié au rôle de sauveur et vous décevrez à votre tour. Vous croirez détenir la vérité et vous ferez fausse route. Vous aurez raison et vous ne vous croirez pas. Vous vous laisserez littéralement porter par l'énergie du rêve au moins une fois dans votre vie.

L'époque actuelle est propice au développement de votre potentiel. Il existe d'ailleurs une pléiade d'outils à cet effet. Vous pouvez travailler ardemment à développer votre potentiel sans ignorer les aspects de votre personnalité susceptibles de venir saboter vos efforts ou de ralentir votre progrès. Il y a deux grands buts dans toute vie : prendre conscience des tendances pouvant nuire sournoisement à l'accomplissement de vos projets, et enfin, par l'acceptation de ceux-ci, vous doter de précieux outils de réalisation. Vos inconsciences ne sont pas vos ennemies, vos pensées et vos émotions négatives non plus. Elles vous mèneront à la douceur de votre être, à la concrétisation des valeurs de votre source. L'humilité est une clé.

Nous pourrions comparer les incarnations comme un laboratoire servant à la constante évolution de l'être. Ce dernier chemine à travers le résultat des expériences qu'il tente. En vous questionnant consciemment et en expérimentant les aspects du libre arbitre, vous éloignez certains choix susceptibles de vous entraîner des difficultés supplémentaires. C'est l'immense privilège du libre arbitre. Vous avez tous les droits pour choisir ce qu'il y a de plus élevé et de plus noble, c'est le but de la vie. La vie offre une quantité d'occasions de faire une introspection pouvant engendrer un niveau de conscience plus élevé. Exercer votre libre arbitre à travers des choix éclairés constitue un privilège.

Vous avez la possibilité d'entrevoir les conséquences de vos décisions avant même qu'elles ne se produisent. C'est encore tout un privilège. Ainsi, vous éviterez bien des situations désagréables en optant pour des actions qui s'harmonisent avec votre niveau de conscience. Lorsque vous êtes prisonnier de l'émotivité, votre conscience s'éloigne. Une grande tristesse d'âme se vit lorsque la conscience reprend sa place. Pour éviter de souffrir, certains êtres refusent de reconnaître leurs erreurs. Toutefois, cette attitude apporte inévitablement la souffrance, car cette dernière provient surtout de l'infidèle envers soi-même.

Il importe que vous sachiez que l'illusion peut parfois prendre la forme d'une théorie proposant d'effacer votre karma. Pourtant, lorsqu'une vie commence, il n'y a aucun karma puisque les conditions de vie choisies reflètent la volonté de comprendre ce que vous avez à dépasser et, par le fait même, remettent le compteur à zéro. Au départ de l'incarnation, il n'y a plus de karma ; les choix de votre vie formeront la prochaine vie. Chaque vie prépare l'autre, la plus importante, c'est celle-ci. Le but de l'âme se réalise au moment où vous effectuez une prise de conscience.

Plus la partie humaine de l'être vit en harmonie avec elle-même, plus elle sera capable de ressentir rapidement une discordance lorsqu'elle pose un geste allant à l'encontre de ses valeurs fondamentales. L'être est en quelque sorte la partie vibrante de l'âme à l'intérieur d'un corps physique, à laquelle vient se greffer la partie humaine regroupant l'ego et la personnalité.

Durant l'incarnation, l'être travaille à polir les aspects rugueux de l'humain en lui de façon à refléter davantage les aspirations de l'âme qui cherche à s'exprimer à travers lui. C'est un processus qui nécessite de nombreuses introspections effectuées en posant les gestes concrets qui découlent des prises de conscience.

Qu'est ce qu'une prise de conscience ? C'est de saisir l'impact d'un comportement destructeur, de ressentir la douleur de votre âme, de sa source, de percevoir que vous avez manqué de confiance en vous au point où vous mentir avec conviction est la seule panacée. C'est aussi de toucher à la douleur de l'autre, de la vivre à sa place en pleurant avec humilité pour l'amour que vous n'avez pas donné. La prise de conscience, c'est d'atteindre un état de compassion tel que l'être ne souhaite plus, d'aucune façon, poser les mêmes gestes. La prise de conscience rend la douleur plus grande que le désir de sauver son ego, et alors ce dernier perd toute emprise sur vous. Pour imager, disons que cela est comme lorsque vous vivez une indigestion, le souvenir reste si marqué en vous que la seule pensée de l'aliment qui l'a générée suffit à vous convaincre de ne jamais y retoucher, et cela sans effort.

Quel est le rapport avec les fausses intuitions, nous direz-vous ? Les fausses intuitions prennent une tangente qui est à l'opposé de la prise de conscience. Les prises de conscience se font simultanément avec la façon dont vous réglez vos conflits, que ce soit dans l'harmonie ou dans la discorde. Comment prenez-vous soin de vos enfants, avec compréhension ou autorité excessive ? Avez-vous la capacité de vous remettre en question ? Êtes-vous en harmonie avec ceux que vous avez accompagnés ? Pouvez-vous affirmer que vous referiez le même geste dans votre vie si vous aviez le choix de vous reprendre ? Y a-t-il quelqu'un à qui vous ne pourriez parler ou rencontrer sans avoir honte de vous ?

Le karma constitue un barème de référence pour orienter votre vie. Si l'âme ne ressentait pas les aspirations à changer de niveau de conscience, vous n'auriez aucune raison de vous incarner. Les barèmes que votre âme a choisi pour son incarnation représentent donc un important capital. Nul ne peut juger de la pertinence d'une expérience, car seule votre âme détient les secrets de votre incarnation, ni même de l'importance d'une vie. Chacun possède sa propre vérité intérieure intrinsèquement liée à ce que son âme désire maîtriser. L'âme a choisi de relever des défis à travers l'expérience d'une vie matérielle, amoureuse, familiale et sociale. Elle apprend à exercer son discernement à travers des choix réalistes qui tiennent compte du contexte matériel dans lequel vous évoluez quotidiennement. Il est donc tout à fait normal de ressentir que vous avez un petit peu de travail à accomplir au cours d'une incarnation.

Parfois, vous pressentez inconsciemment qu'une situation particulière représente une possibilité pour vous. Et lorsque cette possibilité se concrétise, vous vous dites que vous avez de la chance. Toutefois, sachez que les résultats obtenus reflètent plutôt la discipline personnelle et la persévérance dont vous avez fait preuve. Lorsque le fruit est mûr, il est temps pour vous de récolter. La réussite est la conséquence directe d'efforts soutenus. Une réponse favorable à une demande constitue un véritable trésor. Voir votre prière exaucée est un immense privilège auquel vous avez assurément participé. Vous n'avez rien volé à personne. Il importe alors d'observer avec reconnaissance et modestie tout le mérite qui découle de vos efforts.

Le déroulement de la vie représente le résultat d'une continuité. Les cadeaux qu'elle offre peuvent tour à tour être considérés comme une chance ou un hasard. En fait, ces cadeaux sont habituellement la résultante d'événements longuement préparés. Ressentez une profonde gratitude. Toute réponse obtenue par votre intuition est obligatoirement en harmonie avec le plan de vie de votre âme. L'âme, qui nourrit votre intuition, votre ange gardien, vos guides, n'est pas avare d'information. Nous avons la possibilité de vous aider à ressentir la différence entre les désirs frivoles et les réelles aspirations de votre âme. À travers ces choix, l'âme fait des prises de conscience qui permettent à l'être de devenir responsable pour pouvoir aimer les autres et vous aimer objectivement. Prenez soin de vous avec générosité, prenez soin de vos proches et votre niveau de compassion s'élèvera.

Les prises de conscience sont l'âge et la vieillesse de votre âme. Ce n'est pas qui vous êtes qui donne les prises de conscience. Au contraire, c'est ce que vous faites qui constitue ce que vous êtes. C'est ce qui forme le rayonnement de votre âme. C'est ce que vous gardez en vous. La première chose à apprendre est sans doute celle de faire preuve de sincérité par rapport à vous-même. Le combat est en vous et, si vous le comprenez, cela constitue probablement le meilleur gage de la réussite divine. L'harmonie en action dans votre vie se manifeste par cette énergie que porte votre âme.

La conscience n'est au fond que la connaissance de la force de votre libre arbitre qui vous permet de choisir parmi tous les droits qui vous sont offerts et qui vous offre l'immense privilège d'observer, de projeter, de créer le mieux pour vous. Combien de souffrances peuvent être évitées lorsque les choix sont effectués avec conscience ? Vous représentez la source, vous manifestez la source et vous faites les choix les plus consciencieux possibles. C'est le cadeau du savoir, le cadeau de la liberté de conscience, ce n'est pas une lourdeur, c'est une liberté. Ne vous décevez plus !

Que Dieu vous bénisse.
Que l'amour de vous soit en vous
En acceptant vos limites,
En conscientisant vos forces.